AF192788

# ÍNDICE

Majo Siscar Banyuls

Sandra Vicente Barreira

# SEGUIR CONTÁNDOLO
## Crónica del programa Barcelona Protege a Periodistas de México

Prólogo de
Cristina Rivera Garza

Ilustraciones de
Pedro Strukelj

**Edita:**
Ajuntament de Barcelona

**Consejo de Ediciones y Publicaciones del Ayuntamiento de Barcelona:**
Xavier Marcé Carol, Gemma Arau Ceballos, Maria Buhigas San José, Ferran Burguillos Martínez, Núria Costa Galobart, Mireia Escobar Costa, Sonia Fuertes Ledesma, Oriol Martí Sambola, Lluís Mauri Roldán, Àlex Montes Flotats, Jaume Muñoz Jofre, Joan Ramon Riera Alemany, Pilar Roca i Viola, Miquel Rodríguez Planas, Edgar Rovira Sebastià, Montserrat Surroca Comas y Anna Giralt Brunet.

**Directora de Comunicación:**
Pilar Roca i Viola

**Directora de Servicios Editoriales:**
Núria Costa Galobart

**Recursos, Distribución y Marketing:**
Núria Mahamud de la Peña

**Edición:**
Oriol Guiu

**Coordinación editorial:**
Helena Codorniu

**Dirección de Servicios Editoriales**
Paseo de la Zona Franca, 66
08038 Barcelona
Tel.: 93 402 31 31
Barcelona.cat/barcelonallibres

**Director de Derechos Humanos, Justicia Global y Cooperación Internacional:**
David Llistar Bosch

**Coordinador de proyectos de ciudad del Departamento de Justicia Global y Cooperación Internacional:**
Juanjo Arranz Martín

**Colección:**
"Barcelona Present i Futur"

**Edición y maquetación:**
Pol·len edicions, SCCL
Calle de Pere Serra, 1-15, 08173 Sant Cugat del Vallès, Barcelona
www.pol-len.cat

**Autoras:**
Majo Siscar Banyuls y Sandra Vicente Barreira

**Prólogo:**
Cristina Rivera Garza

**Ilustraciones:**
Pedro Strukelj

**Corrección lingüística:**
Begoña Eladi

**Impresión:**
Vanguard Graphic

Barcelona, 2025

**Colaboran:**
Taula per Mèxic
Programa Barcelona Protege a Periodistas de México

ISBN: 978-84-9156-649-6
D.L.:  B 15484-2025

.

# NOTA DE LAS AUTORAS

Este libro es un acercamiento narrativo al programa municipal Barcelona Protege a Periodistas de México que diseñó y gestiona la Asociación Taula per Mèxic con el auspicio del Ajuntament de Barcelona. Lo hemos escrito a cuatro manos a través del testimonio de las personas acogidas, de nuestros propios recuerdos y de las personas claves del Programa (a partir de ahora), tanto en Barcelona como en México.

Las dos autoras somos periodistas y parte fundacional del proyecto, por lo que tanto Serveis Editorials de l'Ajuntament como la Taula per Mèxic nos hicieron el encargo. No es un reportaje periodístico ortodoxo, tampoco un informe, lo escribimos como juez y parte, sin voluntad de objetividad, aunque sí de honestidad. Por eso, en las próximas páginas veréis momentos en que asumimos la primera persona del singular —la voz de cada una de las autoras— y una mayoría del corpus en primera persona del plural, donde asumimos la voz de la Taula y del Programa, de los que formamos parte.

Recopilamos la memoria del Programa, que se vuelve una sola junto a la nuestra, para convertirse en un relato vivo, palpable, asible. También hablamos de las causas del Programa, de qué está pasando en el periodismo mexicano para que sea tan necesario. Lo hacemos sin voluntad de exhaustividad, solo nos detenemos en algunos hechos para entender lo complicado que es contarlo y, de ahí, el valor de hacerlo.

Ante la violencia que azota a México y lo convierte en uno de los países más peligrosos para el periodismo, las 32 personas que han pasado por este Programa hasta ahora nos han enseñado por qué es tan importante defender el derecho a la información, a la verdad y a la justicia. Por qué hay que seguir contándolo.

# RECIPROCIDAD

## Cristina Rivera Garza

Se habla mucho y con mucha frecuencia del periodista recio y devoto que, a pesar de las circunstancias más adversas, o tal vez gracias a las circunstancias más adversas, se las arregla para dar con la nota o llevar a cabo la entrevista que nos develará información crucial. En los estereotipos que arman las películas de Hollywood o las series de Netflix, nunca los vemos dudar. Van de un lado a otro, con el gesto agrio y la determinación a cuestas, sin otra compañía más que su tenacidad o su hartazgo. O su trauma. En la noche, o en los pocos momentos en que pueden descansar, se sirven uno tras otro vasos llenos de whisky con hielo o se atragantan con cervezas que los dejarán inconscientes, limpios de alguna manera, listos para las demandas del nuevo día. Estos periodistas —casi siempre son los periodistas y no las periodistas— fuman demasiado, callan demasiado, triunfan demasiado. Tal vez por eso estremezcan tanto las historias de estos otros periodistas que, bajo amenaza, con frecuencia de muerte, se ven obligados a dejar México, su país de origen, para encontrar un poco de refugio en el programa municipal Barcelona Protege a Periodistas de México.

Son recios y recias, ciertamente, pero menos por una cuestión principista o abstracta y más porque un contexto de violencia explosiva y de precariedad endémica así lo genera y lo exige. Hacen todo lo posible, y a veces hasta lo imposible, para dar con la nota o la entrevista, pero sin el lujo de un contrato estable o de un salario al menos decente que les permita evitar el multiempleo, ese continuo saltar de chamba en chamba para llegar a fin de mes y mantener a la familia. Son hombres y son mujeres y, aunque a menudo recorren los caminos solos, van ligados de formas múltiples y orgánicas a su comunidad, especialmente a través de familias y amigos que los procuran y los animan y los esperan. Estos periodistas se rompen y caen, llegan a su límite, se descuidan, pierden la brújula y, con el tiempo, un buen día, usualmente el más atroz, aprenden también a pedir ayuda. Y a recibirla.

Son humanos hasta el tuétano.

En los últimos años del sexenio del general Lázaro Cárdenas, el gobierno de izquierda que entre 1934 y 1940 cumplió en lo posible las demandas de tierra a través de la reforma agraria y con el que se cierra el ciclo más progresista de la Revolución mexicana de 1910, se abrieron las puertas del país para más de 20 mil exiliados españoles que, tras la derrota de la república durante la Guerra Civil, escapaban del autoritarismo y la violencia. Los actos de reciprocidad entre gobiernos no abundan en la historia y por eso la iniciativa ciudadana que le dio vida al programa Barcelona Protege Periodistas de México brilla ahora con luz propia. En México se libra hoy en día y al menos desde finales de la década de 1960 y con la intervención de los Estados Unidos un conflicto bélico contra la población a la que la narrativa oficial ha llamado la Guerra contra el Narco. Desde su recrudecimiento durante el sexenio de Felipe Calderón, la guerra ha sido responsable por más de 100 mil desapariciones forzadas y, en su curso, ha aumentado radicalmente el número de feminicidios y, más generalmente, la violencia de género tanto en el espacio público como el privado. Las amenazas contra los periodistas han sido numerosas y estridentes en este contexto. Si tomamos en cuenta que el trabajo fundamental de los periodistas es contar las historias que el poder rechaza y teme por igual, resulta claro que los atentados y los asesinatos de periodistas son, también, atentados y asesinatos contra la verdad. Que a un grupo de habitantes y activistas de Barcelona, y luego al Ayuntamiento mismo, les haya interesado el destino de estos periodistas amenazados como para dedicar esfuerzos y recursos capaces de proveerles con casa, sustento y cuidado es, claramente, un acto de solidaridad histórica y de resistencia trasatlántica, nada menor en un mundo regido por el individualismo neoliberal y el capitalismo del odio.

Se trata, sin duda, de un acto de reciprocidad.

Ni las autoras ni los otros participantes de la Taula per Mèxic ni del programa Barcelona Protege a Periodistas de México se ponen aquí el traje de héroe o heroína, según convenga. No se trata, como ellas mismas dicen, del consabido caso de una caterva de occidentales que vienen a rescatar a los nativos en problemas. El esfuerzo apunta en otra dirección: forjar una red de correspondencias materiales y duraderas que facilite a los periodistas mexicanos la continuación de su trabajo. A veces, sin embargo, es necesario parar en seco para poder continuar. A veces es perentorio encontrar un refugio para curar las heridas y recuperar las fuerzas. Hay que alejarse, aunque alejarse conlleve tantos dolores internos y problemas prácticos —desde dejar atrás a la familia hasta no contar con sustento a su regreso. Hay que mirarse adentro, críticamente, y afuera también, con la ayuda de terapeutas y nutricionistas, gracias a cuyos consejos tal vez sea posible volverse a cuidar. ¿Y qué decir de la posibilidad de caminar en relativa seguridad en una ciudad con banquetas amplias y cafecitos múltiples que nutren una activa vida pública? Todo cuenta. El coraje y la furia, el agradecimiento, la melancolía, la sensación de culpa que atosiga sin cesar al sobreviviente, las amistades nuevas, la fiesta. Y todo eso, detallado aquí en minucia y con autocrítica, nos invita no solo a ser testigos sino también a formar parte de este esfuerzo trasnacional para que las historias que molestan al poder, las historias que nos invitan a imaginar y producir otro tipo de realidades, sigan vivas allá afuera, justo como los y las que las investigan y nos las cuentan.

En el Programa Barcelona Protege a Periodistas de México todos aprenden: los que llegan de lejos para después seguir adelante y los que les dan la bienvenida, tejiendo una red compleja de apoyos independientes e institucionales. Se trata de un esfuerzo hercúleo y cotidiano que implica un contacto íntimo en un contexto de crisis global. La reciprocidad conlleva por necesidad una correspondencia mutua, un ir y venir entre personas y comunidades, una imbricación completa y una conversación sin tregua. Qué bueno vivir en un mundo que, pese a las crueldades hegemónicas, también sabe existir en el abrazo, en la curiosidad despierta, y en la inminencia misma de otro entorno. Porque de eso se trata al final de todo, construir desde abajo, desde el día a día, las bases que nos permitirá imaginar otras auroras.

# I. LAS CINCO DE LA NARVARTE

La música estaba alta, el humo de los cigarros se escapaba por las ventanas, afuera diluviaba. En el verano de la Ciudad de México el cielo llora furioso casi cada noche. Una docena de periodistas departían en un apartamento del centro histórico. Hacía un par de semanas que el Chapo Guzmán se había escapado de una prisión de máxima seguridad por un túnel subterráneo de un kilómetro y medio sin ser descubierto. Yo acababa de volver de Sinaloa y conversaba con un fotógrafo sobre cómo estaban las cosas allá.

—Majo, ¿y viste el hoyo? —me preguntaba el fotoreportero.

—No, ya no nos dejaron entrar a la prisión, pero subimos a la sierra, a la casa de su mamá y está cabrón que ya no hubiese ni policías buscándolo. Lo buscamos más los periodistas que las fuerzas de seguridad.

En la mesa se desparramaban las cervezas, quedaban migajas de patatas fritas. Alguien bailaba en una esquina. Un chico delgado, de mirada densa y penetrante, nos interrumpió:

—¿Y en Veracruz? Ahí ya ni nos dejan trabajar, nos matan, el gobierno de Duarte[1] te ataca hasta por denunciar los hoyos de las calles.

---

1. Javier Duarte de Ochoa fue gobernador de Veracruz desde 2010 hasta 2016. Fue acusado de corrupción y enriquecimiento ilícito, cosa que le valió la expulsión de su partido, el Partido Revolucionario Institucional (PRI). Desde octubre de 2016 fue prófugo de la justicia hasta que la INTERPOL le detuvo en Guatemala en julio de 2017. En 2018 fue condenado a 9 años de prisión por los delitos de operaciones con recursos de procedencia ilícita y asociación delictiva.

Se llamaba Rubén Espinosa, era fotoperiodista y aún con una cerveza en la mano, no relajaba el ceño. Hacía un mes y medio que había decidido dejar su casa, su perro y su trabajo. Tomar aire. Llevaba varios años de intimidaciones, pero desde que en abril una foto suya del gobernador Javier Duarte había sido portada de la revista de investigación *Proceso*, iban a más.

En esa fotografía, publicada a página completa, el político aparece caminando con una gorra de policía y mirada amenazante. Trae la boca entreabierta como si acabase de maldecir a alguien. La barriga desborda el cinturón y hasta la camisa blanca, con su nombre bordado en el bolsillo, quiere salir huyendo. Es el retrato de un tipo iracundo, es fotoperiodismo. Sobre la imagen, en mayúsculas, el titular de *Proceso:* VERACRUZ, ESTADO SIN LEY.

Al este de la capital, Veracruz fue durante siglos el puerto más importante del Golfo de México. Por ahí arribó Hernán Cortés a invadir México, allí desembarcaban los negros sometidos como esclavos, por ahí mismo llegaron el siglo pasado los republicanos catalanes exiliados a bordo de barcos como el Sinaia. La han bombardeado los españoles, los franceses y los estadounidenses. Ahora es un estado rico en petróleo y café, dónde lo indígena se cruza con lo afro y lo español, dónde los versos se zapatean, los universitarios van a los encierros de toros y las únicas reinas son las del Carnaval. Un paraíso tropical que desde el 2007 se fue truncando. México vive una guerra no declarada y Veracruz ha sido uno de sus frentes más atroces.

Ese mismo 2007 llegó Rubén Espinosa. Tenía 23 años y había aprendido fotografía por su cuenta en la Ciudad de

México, de dónde era originario. Se puso a trabajar de foto-periodista para medios locales. Poco a poco empezó a ver crecer la violencia. Ese mismo diciembre, el crimen organizado asesinaba al comandante de la policía del Puerto; a los pocos meses, el entonces gobernador, Fidel Herrera (que luego se convertiría en cónsul de Barcelona), justificaba unas agresiones policiales a un reportero; y pronto, la cifra de asesinatos, secuestros, extorsiones y desapariciones se disparó. Un nuevo grupo criminal se asentaba en el Estado con la connivencia gubernamental, Los Zetas, un grupo de exmilitares de élite contratados inicialmente como matones del Cártel del Golfo que introdujeron el sadismo como táctica de guerra para hacerse con su rebanada del pastel y que acabó enfrentándose contra el Cártel que lo había creado.

Los periódicos se convirtieron en contadores de muertos y los periodistas locales, como Rubén, en corresponsales de guerra en su tierra.

La revista *Proceso* es el principal semanario de investigación en México. Rubén colaboraba con ellos y trabajó codo con codo con Regina Martínez, una de las periodistas vera-cruzanas más mordaces, asesinada a finales de abril de 2012. En sus últimos cinco días de trabajo, Regina envió nueve piezas sobre todo tipo de delitos y corrupción a sus editores de Proceso: capturado el presunto cerebro de las finanzas del cártel de los Zetas; nueve policías arrestados por complicidad con narcotraficantes; un político opositor que apareció muerto en su casa y cuyos amigos estaban convencidos de que lo asesinaron.

Su muerte fue tan brutal como esas mismas historias y se convirtió en un símbolo de la violencia contra los periodistas. Sus colegas hacían movilizaciones periódicas para exigir justicia por Regina. Rubén era uno de los más activos, se le ve en varias fotos pancarta en mano. Pero cada vez eran menos los que acudían a esas concentraciones, nos explicó él mismo aquella noche en la Ciudad de México. El Gobierno les prefería calladitos y les amenazaba, les extorsionaba o les mataba. Solo durante los 5 años que llevaban bajo el mandato del gobernador Javier Duarte —el de la fotografía— habían matado a 13 periodistas. Trece periodistas asesinados en un estado con la misma población que Catalunya y bajo una misma legislatura.

Allí Rubén y sus compañeros habían logrado que el Congreso de Veracruz crease la Comisión para la Atención y Protección de Periodistas, aunque parecía no servir mucho, nos decía. Nos explicó cómo, pocos meses después del asesinato de Regina Martínez, la policía aprovechó el desalojo de una movilización de maestros para golpearle. Un año después, desde el gobierno le llamaron públicamente "guerrillero" por organizar un curso de seguridad para sus compañeros fotógrafos; ahora hombres armados le habían estado siguiendo a casa y al trabajo. Así que había puesto tierra de por medio. Más de 300 kilómetros nos separaban aquella noche de la capital de Veracruz. Pensábamos que en la Ciudad de México estaba seguro.

Una semana después de aquella noche, Rubén acudió a un piso en la colonia Narvarte, un barrio de clase media-alta de la capital, donde vivía una compañera de Veracruz, la antropóloga Nadia Vera. Tenían la misma edad, ese año ambos cumplían los 33. Ella se iba ese domingo a la ciudad de Cuernavaca a trabajar una temporada en un festival. Así que había invitado a algunos amigos de la capital que no vería durante un tiempo. Vera también había salido de Veracruz por precaución, después de ser la cara visible de un movimiento estudiantil en Xalapa que Rubén había cubierto.

Vera compartía piso con tres chicas más, y los viernes iba la trabajadora del hogar, Alejandra Negrete, una mujer de 42 años y madre de tres hijas. Rubén se quedó a dormir allí y ese viernes 31 de julio le escribió por *WhatsApp* a otro fotógrafo. El último mensaje es de las 14.13: "Ya voy de salida a la calle", le dijo. Nunca lo haría. Fue amordazado, torturado y asesinado. Sus amigas además fueron violadas. Solamente Alejandra recibió un único disparo. Parece que sus asesinos llegaron mientras ella limpiaba el baño y acabaron con su vida de un balazo.

Yesenia Quirós, estudiante de 19 años que venía del norte de México, fue violada y asesinada. Igual que Mile Martín, una colombiana de 32 años. La cuarta chica que vivía en casa se encontró con la escena cuando regresó de noche. Fue quien avisó a la policía.

El sábado 1 de agosto, en la Ciudad de México despertamos con la noticia del asesinato de Rubén. No lo podía creer. Lo habían torturado hasta la muerte, junto a otras cuatro personas más. Después de una fiesta como la de la semana anterior. En un barrio que frecuentábamos, dónde vivían muchos amigos, dónde nunca pasaban esas cosas. O eso pensábamos. No solo se habían roto cinco vidas.

El dolor se mezclaba con el miedo. No estaréis a salvo en ningún lado, parecía decir.

Nos abrazábamos, nos juntábamos, hay que hacer algo, decíamos. Marchamos por su memoria. Algo más. Pero desconfiábamos. Desconfiábamos de quiénes no conocíamos, temblábamos al abrir la puerta hasta al señor que te cambiaba la bombona de gas. Aquellos días, la Ciudad de México dejó de ser un refugio para periodistas desplazados. ¿Quién sería el próximo? ¿Qué nos ponía en riesgo? ¿Qué debíamos hacer para no exponernos? Las preguntas nos acongojaban, así que nos reunimos en casa de la laureada periodista mexicana Marcela Turati. No entendíamos nada. Seríamos una treintena de periodistas, la mayoría mexicanos, y alguna que otra extranjera como yo. Un par de miembros de alguna ONG de defensa de la libertad de expresión. Era un lamento colectivo, organizamos protestas, marchas, nos coordinamos con otros compañeros de Veracruz para preguntar, hacer presión, forzar la investigación pero, ¿qué más hacer?

A Rubén Espinosa lo habían matado después de protestar por el asesinato de sus compañeros. Después de sacar fotos incómodas. Había denunciado cómo la prensa crítica es silenciada y que él mismo era víctima de amenazas que provenían de parte del gobierno de Veracruz. En una entrevista había dicho que estaba en conversaciones con el Mecanismo de Protección para Personas Defensoras de Derechos Humanos y Periodistas,[2] pero se desconoce qué

---

2. Una instancia federal, dependiente de la Secretaría de Gobernación, que procura herramientas de protección a los periodistas mexicanos que van desde la instalación de cámaras o concertinas en sus casas hasta la dotación de escolta,

respuesta le dieron. Lo asesinaron en las narices de las organizaciones donde denunció las amenazas que le perseguían y lo más grave, de la sede de las instancias gubernamentales que deberían de haberlo protegido. Rubén había optado por la visibilidad y la denuncia pública y de nada le sirvió.

Nadia Vera igual. Seis meses antes, había aparecido en un documental[3] explicando los abusos a derechos humanos cometidos por el gobierno veracruzano y señalaba a la administración de Duarte como responsable directa si le pasaba algo. Yo, igual que otras tantas personas, también salí en ese reportaje.

Un sentimiento general de desprotección y desamparo se extendía entre los periodistas de la Ciudad de México, pero también entre muchos reporteros hostigados reiteradamente en sus estados y que veían como una opción de supervivencia el desplazamiento forzado a la capital. Era un golpe tremendo para la articulación entre periodistas, porque en ese momento el miedo convertía las amenazas en una maldición. En aquellos días que velábamos a las cinco de la Narvarte, nadie quería que un o una compañera amenazada se le pegara o se instalase en su casa.

En aquel verano del 2015 en la Ciudad de México había 37 periodistas de provincia refugiados después de atentados y amenazas en sus estados, según los registros de la organización internacional para la libertad de prensa Artículo

---

pasando por otorgar botones del pánico o facilitar el desplazamiento a Ciudad de México.

3. Documental 'Veracruz: la fosa olvidada', editado por Rompeviento TV y disponible en Youtube https://www.youtube.com/watch?v=XSTWoTz6oXU

19. Atacar a periodistas en la capital mexicana es atacar la salud del periodismo en todo el país, es golpear su sistema nervioso.

**********

La noticia del asesinato de Rubén cruzó el océano y llegó a Europa. También a Barcelona. Fue apenas dos meses después de que algunos familiares y compañeros de los 43 estudiantes desaparecidos de Ayotzinapa[4] visitaran nuestra ciudad. La comitiva fue organizada por miembros de la comunidad mexicana, junto a un puñado de activistas internacionales como yo, una periodista que entonces empezaba a reportear y que había quedado prendada de México, país en el que todavía no había estado, pero que se convertiría en una de mis obsesiones y en hogar de amigas que hoy considero familia. Traer esa comitiva fue para nosotras una gesta; estábamos cansadas de organizar tamaño viaje y, a la vez, rabiosas por la injusticia y la impotencia de no poder hacer nada más que eso. Nos quedaban pocas fuerzas después de despedir a unos sobrevivientes que nos recordaban que faltan miles.

La violencia en México que contaba Majo no la sufríamos en Barcelona, pero llegaba fuerte, audible y concisa. Nos manifestábamos, organizábamos charlas, pases de películas y

---

4. El caso de los estudiantes de Ayotzinapa se remonta a septiembre de 2014, cuando 43 jóvenes desaparecieron tras una protesta. El caso sigue sin esclarecerse, no se han encontrado culpables ni los cuerpos de los estudiantes. Para más información, ver capítulo X.

comidas populares. Venía gente, pero no demasiada. Éramos las de siempre. Pero la visita de las familias de los 43 fue un punto de inflexión. Aquello puso a México en boca de los y las catalanas, de una manera que, quizás, sólo se había visto cuando el levantamiento zapatista de 1994.

La sociedad civil catalana ponía otra vez la vista en el país americano. Creímos que era imposible no empatizar con madres y padres que buscan a sus hijos casi adolescentes. Que, por fin, podríamos empezar a ayudar a cambiar las cosas desde este lado del charco. Pero no pudimos. Pocas semanas después de despedir a los sobrevivientes de Ayotzinapa lo supimos: Rubén había sido asesinado. Y torturado. En pleno centro del Distrito Federal. Como si te mataran en el Eixample.

Aquella noticia nos cogió a contrapié. Nos invadió una profunda desesperación y tristeza. Aquella noche no marchamos. No gritamos. Simplemente instalamos una pancarta y unas velas en la Plaça Sant Jaume, donde convergen el Ayuntamiento y la Generalitat de Catalunya. Queríamos recordar a Rubén aunque no le hubiéramos conocido. A él y a las otras cuatro personas que murieron en ese piso. Nos fuimos pronto, porque aquella noche en Barcelona también llovía. Y nos recogimos, de nuevo, los de siempre, en el bar de siempre. Y alguien, no recuerdo quién, dijo la frase.

–Siempre vamos tarde. Tenemos que hacer algo. Algo antes de que les maten.

Todavía tenían que venir muchas más cervezas en ese bar y en otros, muchas más reuniones y asambleas. Pero nos gusta pensar que aquella noche, que aquella frase, fue el inicio de todo. Porque lo fue. Aquel día, envalentonadas por la rabia, soñamos con convertir Barcelona en un refugio para periodistas en peligro. Aprovechar el privilegio de vivir en Europa para darles cobertura, protección, un respiro y, sobre todo, ayudarles a volver para que siguieran ejerciendo su trabajo en mejores condiciones.

Aquello sonaba a utopía, pero dentro de nosotras algo nos decía que lo podíamos hacer realidad. Teníamos que poder. Porque, de no hacerlo, sólo nos quedaba la impotencia y la rabia. Y no queríamos habitar más ese espacio, no podíamos resignarnos.

Cada día, el mundo se convierte en un lugar más peligroso para los periodistas, pero —aparte de la guerra en Palestina— ningún lugar es más mortal que México. Según los recuentos de la organización Artículo19, desde diciembre de 2006 -año en que el gobierno mexicano comenzó su mal llamada guerra contra el narcotráfico-, al menos 171 periodistas han sido asesinados en el país,[5] 13 de ellos solo en 2022, un récord escalofriante.

Y sí, también han asesinado a doctoras, albañiles, maestros o cajeras, pero el homicidio de periodistas nos habla no solo de la incapacidad del país de proteger a su ciudadanía, sino de que las autoridades han estado infiltradas por el crimen desde hace mucho tiempo; sobran los ejemplos. En cambio, esta complicidad del Gobierno no se investiga en los

5. Recuento en permanente actualización elaborado desde el año 2000 por Artículo19 https://articulo19.org/periodistasasesinados/

asesinatos que, en general, suelen quedar impunes. Cómo Rubén, otros 16 periodistas de Veracruz fueron asesinados mientras el gobernador Javier Duarte ocupó el cargo, un récord macabro. Duarte está actualmente en prisión por asociación delictiva y lavado de dinero, pero nunca ha sido acusado en relación con alguno de los asesinatos. De 105 investigaciones de asesinatos de periodistas en México entre 2010 y 2023, sólo seis han culminado en sentencias por homicidio, según Human Rights Watch.

Con estas cifras nos movilizamos. Y, tras años de árduo trabajo, lo conseguimos. Diez años después del asesinato de Rubén, treinta periodistas han pasado por este refugio que creímos utópico. Entonces éramos apenas un puñado de personas; hoy somos decenas. Y hemos conseguido afianzar este proyecto convirtiéndolo en un programa auspiciado hasta el día de hoy por el Ayuntamiento de Barcelona. Siempre nos movió esa frase tan manida y quemada que dice que ojalá no tuviéramos que existir. Pero es que realmente esperamos con ansias el día en que cerremos las puertas de este proyecto que construimos alrededor de una barra de bar, con toda la intención y sin ningún recurso. Pero, hasta entonces, aquí seguiremos.

# II. MANOS A LA OBRA

El Born es uno de los cuatro barrios más viejos de Barcelona. A la orilla de una antigua acequia y hasta el mar, creció un barrio medieval de comerciantes y artesanos que todavía vive en la nomenclatura del callejero: calle de Carders (cardadores de lana), de l'Assaonador (peletero), de l'Argenteria (comercio de metales preciosos), o dels Cotoners (algodoneros). En esas callejuelas angostas, que a veces atajan y otras se iluminan en el ensanche de una plaza, se gestó lo que hemos formalizado como el Programa Barcelona Protege Periodistas de México.

Allí vivía Arturo Landeros, un chilango curtido en la huelga de la UNAM y en la solidaridad con Chiapas, que llegó a Barcelona hace más de 20 años y desde entonces se implicó en los movimientos sociales de la ciudad sin perder de vista lo que pasaba en su tierra. Durante los primeros años de la Asociación por la Paz y los Derechos Humanos Taula per Mèxic, nuestras sedes fueron las salas de estar de quien estuviera dispuesto a acoger reuniones de más de dos o tres horas. Arturo, con su hospitalidad mexicana y su tozudería reforzada durante dos décadas en Barcelona, era un anfitrión recurrente. Su casa se encontraba en el corazón de este barrio del Born y así como era el escenario para nuestras asambleas, también lo era para otras tantas organizaciones con base en Barcelona. Seguro que, si preguntáis a activistas catalanes, más de uno y de dos reconocerá el camino que llevaba hasta su hogar y gozó de la hospitalidad de este mexicano catalanizado. Nosotras mismas lo hicimos innumerables veces. Podíamos recorrer el paseo con los ojos cerrados e, incluso hoy, cuando pasamos por delante de esa puerta se nos escapa una sonrisa. Fueron incontables las tardes en las que, como aquel día, llegamos frente a ella, tocamos el mismo interfono y subimos las mismas escaleras.

Arturo nos abrió, nos abrazó y nos dirigió las preguntas de cortesía. Él era, y así es hasta la fecha, el responsable del Programa de acogida temporal de periodistas de la Taula per Mèxic. Venía de grupos de investigación en derechos humanos y él fue quien más tiró del carro y quien se entregó 24/7 antes incluso de que la posibilidad de pagar sueldos fuera algo que tan siquiera pudiéramos imaginar. Él, con su sempiterna camiseta negra y esa gorra desgastada con un aire que recuerda vagamente a las que llevan los milicianos zapatistas, era el que ponía el café, el que nos daba de merendar y nos prestaba el salón.

Aquel día, en esa sala aguardaban Sergi, Alba, Eunice, Vanina y Queralt. Luego llegaríamos nosotras. Éramos quienes más implicadas estábamos en aquel inicio y estábamos, pues, las de siempre. Todo era aparentemente igual que otras veces. Pero aquella tarde, la sensación era distinta.

Hacía más de dos años que nos veíamos, al menos, una vez a la semana. Habíamos pasado horas delante de ordenadores y pizarras, habíamos viajado juntas, debatido hasta altas horas de la noche. Y todo para llegar hasta ese momento. Éramos —somos— diversas y veníamos de lugares distintos.

Mexicanas, catalanas, valencianas, argentinas, hondureñas...
Y esa mixtura ha sido una de las claves de nuestro éxito. Eso
y que nuestros conocimientos y motivos para estar allí se
complementaban. Periodistas, psicólogas, maestras, arqui-
tectas o sanitarias. Pero todas activistas unidas por el amor
a México y, por qué no decirlo, a las causas perdidas que nos
negamos a creer que no tienen solución.

Nos abrazamos como amigos que éramos —y somos— y
nos alegramos sinceramente de encontrarnos, aunque por esa
época nos veíamos más entre nosotras que a nuestras familias. Pero es que aquella tarde del verano de 2017 era especial. Fuimos tomando asiento alrededor de esa mesa redonda
que había visto nacer el Proyecto porque, como los caballeros
de Camelot, allí reunidas, también teníamos una decisión
importante que tomar.

Frente a cada una de nosotras habíamos dispuesto una
serie de documentos. En ellos se podía ver una fotografía
de carnet, el nombre y una pequeña historia vital de seis
personas distintas. Eran seis periodistas mexicanos, de
diferentes estados y edades, que habían presentado candidatura para la primera edición del programa de refugio para
periodistas de la Taula per Mèxic. Nos sentamos a la mesa
y empezamos a leerlos, cada una a su ritmo, fijándonos bien
en los detalles. Lo que tenían en común era su profesión
y la necesidad, más o menos urgente, de salir de México
debido a las amenazas que habían sufrido por escribir lo
que escribían.

Las consecuencias de sus crónicas eran duras; algunos
habían pasado por robos y allanamientos en sus casas,

otros habían sido hostigados por representantes públicos, la mayoría denunciaba censura, otros —no pocos— habían sobrevivido al asesinato de compañeros cercanos y algunos incluso habían llegado a ser secuestrados. Todo aquello lo sabíamos porque habíamos preparado un cuestionario en el que tenían que marcar la casilla correspondiente a las agresiones que habían sufrido para que pudiéramos evaluar el nivel de amenaza. ¿Censura? Check. ¿Robos? Check. ¿Despidos? Check. ¿Amenazas con armas de fuego? Check. ¿Secuestros? Check. Y así una lista interminable de abominaciones que iban hilando una historia personal de trabajo bajo presión y riesgo.

Aquellos documentos eran como un examen, y nosotras las maestras que juzgaban. Intentábamos no mirar demasiado las fotos de carnet porque, al hacerlo, se derretía la frialdad burocrática y caíamos en la cuenta de que lo que teníamos delante eran personas. ¿Teníamos nosotras la llave para sacarlas temporalmente de su infierno? En esas estábamos, discutiendo sobre la viabilidad de escoger a uno u otro, cuando de repente alguien hizo la pregunta:

— Esperad. Y, ¿qué pasa si nos equivocamos? ¿Y si matan a alguien a quien no hemos escogido?

Y se hizo el silencio.

La frialdad quedó deshecha por completo y las corazas que torpe y precariamente nos habíamos construido cayeron. Sabíamos que no ofrecíamos un escudo antibalas, pero sí una vía de escape ante la tensión, un respiro. ¿Quiénes éramos nosotras para decidir quién se refugiaría en Barcelona y quién seguiría en México, expuesto al riesgo y a la amenaza?

Esta pregunta planeaba desde el inicio. Por ello, en los dos años que pasaron desde las primeras ensoñaciones sobre el programa hasta que nos sentamos en aquella mesa, habíamos hecho viajes, intercambios y reuniones con otros programas de protección y con entidades locales mexicanas que trabajaban directamente por el derecho a la libertad de prensa en el país. La oficina mexicana de Artículo 19 —cuyo nombre lo toma del artículo que proclama la libertad de expresión en la Declaración Universal de los Derechos Humanos—; CIMAC, una organización mexicana de apoyo a mujeres periodistas; y Periodistas de a Pie, una red de apoyo mutuo entre periodistas. Esas fueron las encargadas de hacer el primer filtro de las candidaturas antes que nos llegaran a aquella mesa. Es decir, ellas valoraron, con más elementos cualitativos y contexto, quién necesitaba salir y quién no.

Aun así, aquella tarde teníamos que elegir a una de esas seis personas. Desde aquel salón en el centro histórico de Barcelona debíamos elegir quién de aquellas seis personas que habían preseleccionado en México cambiaba de latitud por unos meses. Y la elección no era fácil por mucho que quisiéramos hacerla lo más aséptica posible. Tampoco nos sentíamos autorizadas. Éramos solo un puñado de personas que se pusieron de acuerdo para armar algo que parecía imposible y que, a fuerza de vernos todas las semanas y poner el alma en sacarlo adelante, apenas parecía que podíamos rozar en aquel momento en que tuvimos los formularios delante.

Hoy, la Taula per Mèxic está formada por decenas de socias, otras tantas voluntarias y ha llegado a ser el lugar de trabajo de diversas personas. A la fecha de la publicación de este libro, han sido más de 30 los periodistas que han pasado por el programa de refugio, que después de la edición piloto pasó a denominarse oficialmente Barcelona Protege a Periodistas de México.

Dentro de la Taula, también se replicó el programa de periodistas con defensoras de la tierra y el territorio. A todo ello se han sumado varios proyectos de cooperación internacional, así como iniciativas para la educación y el desarrollo tanto en Catalunya como en México. Hemos hecho *lobby* en el Parlamento Europeo e incluso hemos organizado dos foros por la paz en México al que asistieron personas de Latinoamérica y Europa.

Pero en 2017 no éramos nadie. Y mucho menos dos años atrás, en 2015, cuando se nos ocurrió la idea magnífica de sacar a periodistas de México antes de que fuera demasiado tarde y corrieran la misma suerte que Rubén Espinosa. Pero, ¿cómo pretendíamos hacerlo si, por aquel entonces, nuestro presupuesto se basaba en los 200 euros que habíamos podido recaudar de la última cafeta? Si nuestro fuerte era pintar pancartas y organizar manifestaciones, ¿cómo íbamos a negociar con consulados y tramitar papeleo? Y ¿dónde los alojaríamos si muchas de nosotras ni teníamos resuelta nuestra propia situación?

Sabíamos que el proyecto era ambicioso y queríamos hacerlo bien. Así que empezamos a reclutar a todas las personas posibles, por aquello de que dos cabezas piensan mejor que una, y esperábamos que alguna de aquellas cabezas tuviera respuesta a esas inquietudes. Porque, sinceramente, no teníamos mucha idea de por dónde empezar.

Lo que sí teníamos claro era que queríamos ser un agente de cambio. Y que, aunque sobre el papel lo tuviéramos todo en contra, lo haríamos bien. Empezamos a reunirnos muy seguido y a concretar qué queríamos y por qué. Queríamos echar una mano a esos periodistas que corren peligro solo por contar la verdad. Y lo queríamos hacer porque el periodismo libre es clave para una sociedad libre. Queríamos que, a pesar de las amenazas, vivieran. Pero, sobre todo, queríamos que siguieran ejerciendo, si así lo deseaban. Por eso, siempre tuvimos claro que esos periodistas tenían que volver a México. Y tenían que regresar más fuertes, más arropados y más formados. Volver para seguir contándolo. Por eso, lo que pasara en los meses que estuvieran en Barcelona era clave. Empezamos a contactar con universidades y profesores como Xavier Giró, uno de los máximos exponentes en Catalunya del periodismo de paz. También nos formamos nosotras sobre cuestiones clave de seguridad digital, para que pudieran ejercer con más garantías. Contactamos con compañeras periodistas catalanas para que, una vez aquí, les pudieran construir una red internacional. Y, por supuesto, dimos voces para reclutar a todas las personas posibles que quisieran acompañarlos y llevarlos a tomar un café o a dar un paseo por la playa. Porque, más allá de cuestiones formales, teníamos delante a personas que necesitaban un respiro. Sentirse seguras y gozar del derecho a disfrutar de pequeñas cosas sin temer por perder la vida.

Nos iba bien. Teníamos un plan. Muy embrionario todavía, pero íbamos definiendo lo que queríamos. Pero en la vida, a veces, los planes se desarman. Y un día, sonó un teléfono. A un lado de la línea, Arturo. Al otro, uno de los tantos amigos a quienes habíamos dado la matraca con el proyecto. Era una persona que solía ayudar a profesionales que debían salir de México y los recibía casi desde la clandestinidad. Resultó que había llegado a oídos de esta persona que había un periodista mexicano muy amenazado a quien le corría mucha prisa salir del país. Tanta que, de hecho, ya estaba en Barcelona. Y este amigo pensó, con mayor o menor acierto, que lo mejor que podía hacer era ponernos en contacto con él.

Era Alberto Escorcia. Había llegado casi con una mano delante y otra detrás, sin muchas más certezas que la de tener que salir a toda prisa para salvar la vida. Tan rápido se fue que apenas traía equipaje y no tenía dónde quedarse. Cuando nos plantearon si estábamos dispuestos a que este periodista se quedara bajo nuestra ala y fuera una especie de proyecto piloto, surgieron las dudas. Hacía algunos meses que estábamos trabajando, pero todavía no teníamos casi nada concreto. Había quienes sostenían que no estábamos preparados. Y tenían razón. También había quienes rebatían diciendo que, aunque no tuviéramos mucho que ofrecer, era preferible que le acompañáramos a que tuviera que afrontar el exilio solo. Y también tenían razón.

Al final, sobra decir que le acogimos con los brazos abiertos y le acompañamos en cuanto pudimos, pero todo lo que teníamos de predisposición nos faltaba en dinero, estructura y experiencia. Porque cuando decimos «acoger» no solo nos referimos a acompañarle, a proporcionarle contactos y a escucharle, sino también a darle un techo. Y ese fue el primero y uno de los mayores inconvenientes de aquella experiencia.

Aquel hombre pasó dos meses saltando de casa en casa, de sofá en sofá. Tuvimos que tirar de agenda y cobrar favores para procurarle un techo todas las noches. Ya fuera en un sofá en Poble Sec, en un *plegatín* en Les Corts o una pequeña cama en el Carmel, gracias a la generosidad de unas y otras. Fueron unos meses intensos y muy precarios hasta que Alberto, que no tenía planes de quedarse en Barcelona, consiguió una oportunidad en otro lugar y se fue. Todavía hoy, cuando regresa a la capital catalana, compartimos alguna cerveza y sigue provocándonos risa recordar aquellas semanas, en las que intentamos —bastante torpemente— que una persona que había tenido que abandonar su hogar se sintiera mejor.

Él nunca nos ha recriminado nuestra falta de experiencia, cosa que le agradecemos. Pero nosotras sí lo hemos hecho. Nos juramos que nunca volveríamos a acoger así a alguien. Fue entonces cuando entendimos que no podíamos hacer aquello solas. La informalidad de nuestros proyectos pasados ya no era una opción y debíamos entrar en un sistema del que tanto habíamos renegado, si queríamos tener recursos. Teníamos que constituirnos como asociación y empezar a hacer algo que no habíamos hecho nunca: conseguir dinero de verdad, facturar, formalizar las colaboraciones profesionales, y empezar a buscar financiadores, ya fuera en el sector privado o en el público. Y aquello, si bien fue la única decisión que pudimos haber tomado, también fue un cisma.

Muchas de las compañeras anarquistas que nos habían acompañado desde los tiempos de peregrinaciones masivas a Chiapas se bajaron del barco. Por coherencia hacia sus propios principios no quisieron tener nada que ver con la administración. Es entendible y después de un intenso debate que, por supuesto duró más de cinco horas y no acabó con consenso, varias personas dieron un paso al lado. Pero hay que decir que siempre han seguido estando ahí, no en el centro de la asociación, pero sí en sus laterales, ayudando y apoyando siempre que lo hemos necesitado, aunque los caminos se separaran.

El nuestro llevaba a constituir una asociación que se acabaría llamando Asociación por la Paz y los Derechos Humanos Taula per Mèxic. «Taula» en catalán significa «mesa». Y, si bien en un principio ese nombre era una especie de homenaje a la Taula per Colòmbia, entidad histórica en Catalunya y en la que nos referenciamos bastante, también nos hizo sentido que fuéramos como una mesa. Algo estable, en lo que te puedes apoyar, que te sostiene gracias a cuatro patas. Acoger a personas amenazadas era nuestra prioridad y la chispa que lo encendió todo. Pero esta pata no era suficiente. Queríamos una entidad con entidad. Y entendimos que podíamos usar los privilegios que nos da el Norte Global para hacer ruido aquí. Segunda pata. Visitaríamos Ayuntamientos y parlamentos, empezando por los catalanes y escalando hacia Europa, donde se discuten los tratados comerciales y sanciones a países que no garantizan los derechos humanos.

Y para hacer buena incidencia, entendimos que era esencial saber quién se beneficiaba de la violencia y por qué. Rastrear a los agentes políticos y económicos, dentro y fuera de México que permitían y promovían el miedo. Así que nuestra tercera pata debía ser la investigación. Y, por último, pero no menos importante, también queríamos divertirnos; porque más allá de toda esa muerte y desgracia, México es un país vibrante, bañado de colores y ritmos. Debíamos recoger toda esa alegre rebeldía y, parafraseando a Emma Goldman, abonar una revolución en la que se pudiera bailar, cantar y reír. Esperábamos que organizando festivales, conciertos, charlas, proyecciones y fiestas pudiéramos atraer a la población catalana que no conocía México. Y también, hacer política a través de la cultura y el arte. Y esa sería nuestra cuarta pata.

Tenía todo el sentido del mundo. Podía funcionar. Iba a funcionar. Aunque había un problema: las buenas intenciones son fantásticas, pero ¿de dónde sacaríamos el dinero? Hasta ese momento nos habíamos financiado organizando fiestas, pases de películas y pidiendo dinero a almas caritativas, con más o menos éxito. Pero dispensar algunos chupitos de tequila mientras proyectábamos el enésimo documental sobre los estudiantes de Ayotzinapa no nos iba a solucionar nada, sobre todo estando en la ciudad gentrificada que por aquel entonces Barcelona ya apuntaba que sería.

Así que decidimos estudiar si podíamos optar a alguna ayuda de la administración pública. Era finales de 2015 y entonces un nuevo gobierno acababa de llegar a la alcaldía de Barcelona, y con él algunas personas con las que habíamos compartido reuniones y luchas internacionalistas en los movimientos sociales de la ciudad, por lo que quizá serían sensibles a lo que acontecía en México. Una de las primeras a las que se presentó la iniciativa fue la Dirección de Derechos Humanos, Justicia Global y Cooperación Internacional del Ayuntamiento de la capital catalana.

Aquel consistorio estaba formado por personas especialmente sensibilizadas con la causa mexicana, ya que el levantamiento zapatista de 1994 les había agarrado en el zénit de sus juventudes combativas. Muchos de ellos incluso habían estado en Chiapas para conocer la revolución de cerca y, desde entonces, la mística mexicana se había quedado a vivir en sus entrañas. Así que sabíamos que la posibilidad de volver a colaborar con el país les podía resultar atractiva.

De hecho, el primer viaje oficial del director de Derechos Humanos, Justicia Global y Cooperación Internacional del Ayuntamiento, David Llistar, fue precisamente a México. Acompañado de Gerardo Pisarello, entonces teniente de alcalde y hoy diputado en el Congreso, visitaron varias asociaciones de buscadoras: madres que mueven cielo y tierra para encontrar a sus hijos desaparecidos. Ese interés por México en la cooperación era relativamente nuevo; un PIB amplio per cápita, los conflictos en el Medio Oriente, así como los procesos de paz en Colombia habían dejado el país norteamericano fuera de los radares de administraciones y asociaciones por los Derechos Humanos.

Pero Barcelona sí volvía a mirar a México. El motivo tiene nombre, apellidos y cargos. Fidel Herrera Beltrán fue nombrado cónsul en Barcelona en 2015 por el entonces presidente mexicano Enrique Peña Nieto. Y su homólogo español, Mariano Rajoy, dio el visto bueno sin contar con la opinión del consistorio barcelonés. De hecho, rebajaron el estatus del consulado para que se pudiera realizar ese nombramiento de manera más rápida y con menos requisitos. "Obviamente, nos hubiéramos opuesto al narcocónsul", recuerda hoy Llistar. Así era como se le conocía: el narcocónsul o el Zeta Uno, en referencia a sus contrastados vínculos con el cártel de los Zetas, que por aquel entonces asolaba el estado del que había sido gobernador: Veracruz.

Enrique Peña Nieto lo destinó a Barcelona, un premio de estancia que a la vez le alejaba del ruido mediático mexicano. Pero la noticia no fue bien recibida ni por la sociedad civil ni por el recién constituido Ayuntamiento. Fidel Herrera fue el primer eslabón sobre el que se construyó la relación de la Taula per Mèxic y la ciudad condal. Nosotras llevábamos meses manifestándonos frente al consulado, haciendo acciones y empapelando las calles para avisar de que Barcelona tenía un narcocónsul. Por un lado, hicimos todo el ruido que pudimos y, por el otro, hablamos discretamente con periodistas en México para que nos contaran todo lo que supieran de él. Y aquel conocimiento acumulado sobre Herrera fue una buena carta de presentación frente al Ayuntamiento, que nos convocó para saber a quién tenían en la ciudad. Y, después de aquello, habiendo demostrado que éramos gente seria y bien conectada, ya estábamos listas para presentarles nuestra idea romántica.

El Ayuntamiento nos propuso una reunión formal y nos invitó al que sería el primero de muchos encuentros. Recordarlo ahora es divertido: ninguna de nosotras había estado antes en el edificio y la idea de entrar allí nos ponía un poco nerviosas. Nos sacaba de nuestra zona de confort. Era un ambiente nuevo para el que no estábamos muy preparadas. Hicimos de tripas corazón para explicarles el proyecto que tantas veces habíamos explicado. Nos lo sabíamos de memoria, intentábamos que no se notara que se nos comían los nervios y que, a pesar de la aparente tranquilidad, nuestras piernas se movían sin cesar bajo la mesa.

Cuando acabamos, se vino un pequeño silencio que nos tuvo en vilo. Fue una gran noticia la que lo rompió: les interesaba. Bastante. Al Ayuntamiento le hacía mucho sentido que el programa se enfocara en periodistas, porque durante aquella época México era el lugar del mundo sin guerra en el que mataban a más periodistas. Y lamentablemente competía de cerca con Siria, que sí sufría una guerra cruenta con la presencia de potencias internacionales. Sabían que el proyecto era complejo y, a pesar de que solo éramos media decena ciudadanas anónimas que ni siquiera estaban todavía constituidas como asociación, confiaron en nosotras.

Así que nos propusieron hacer un pequeño proyecto piloto, para ver cómo funcionaba la idea. ¿Y después? Nosotras pensábamos que nuestro destino sería depender de subvenciones volátiles y poner velas para que se mantuvieran, año tras año, y no tener que dejar colgado a nadie. Pero el consistorio tenía otros planes: les gustó el proyecto y la idea de poder recompensar la solidaridad que México había tenido con España cuando acogía en sus costas barcos llenos de refugiados republicanos. Así que quisieron convertirlo en un programa municipal. En la práctica, supone que la administración auspiciaría el proyecto y lo financiaría, pero derivaría la gestión en nosotras. Eso garantizaba que duraría y que su final tendría que pasar por una decisión política de la alcaldía. Y así es como nació el programa municipal «Barcelona protege a periodistas de México» que, junto al que ya gestionaban con el PEN Català,[6] conformó el Programa de Protección de Personas Defensoras del Ajuntament de Barcelona.

Al salir de aquella reunión no nos lo podíamos creer. "¿Bien, no?". Esa fue la pregunta, inocente e incrédula, que nos hicimos cuando salimos a la calle. Parecía que les habíamos convencido y que la idea les gustaba. Es más: la veían viable y estaban dispuestos a financiarla. La alegría y la ilusión nos empezaron a inundar cuando nos dimos cuenta de que, sí, íbamos a hacerlo. Pero poco a poco empezaron los escalofríos. Sí. Íbamos a hacerlo.

Nos dimos cuenta del trabajo que se nos venía encima, pero también recordamos la responsabilidad que sentimos cuando Alberto estaba con nosotros. No solo era la falta de un techo, sino tener que turnarnos y cuadrar nuestras obligaciones familiares y laborales para que siempre hubiera alguien disponible para estar con él. Rememoramos todas las preguntas para las que no tuvimos respuesta y revivimos cómo se nos comía la impotencia cuando sufría de ansiedad o de nostalgia y no sabíamos ayudarle. Y supimos que no bastaba con hacerlo. Había que hacerlo bien. Alberto nos enseñó muchas cosas. La primera es que no estábamos

6. La sección catalana del PEN International, la única organización mundial de escritores y que cuenta con 150 secciones en 100 países distintos. Se dedica a defender a los y las escritoras de la censura e, incluso, de amenazas contra su integridad.

preparadas para acoger a alguien que necesitara salir hoy mismo de México porque lo modesto de nuestra empresa no nos permitía actuar de manera urgente. Y la segunda es que la parte emocional sería uno de los pilares de nuestro acompañamiento.

En Alberto vimos lo que ya habíamos visto en muchos otros periodistas y supervivientes de la violencia en general: un trastorno de estrés postraumático que no eran conscientes de padecer y que, por tanto, no tenían ninguna intención de tratar. Muchas de las personas que se encontraban en esa situación compartían síntomas tales como adicciones más o menos graves al alcohol, malos hábitos de salud, irritabilidad, desconfianza y comportamientos que podían camuflarse como simples muestras de un carácter algo cínico, pero que en realidad eran la punta del iceberg de una depresión. Estar algunos meses en Barcelona podía aliviar esas señales de alerta, pero a la larga de poco iba a ayudar si no íbamos a la raíz del problema.

Si nos dimos cuenta de eso fue gracias a las psicólogas que formaban parte de nuestro equipo. Sergi Sendra fue uno de los primeros en acercarse y nos hizo ver, con gran acierto, que un buen acompañamiento psicosocial tenía que ser central. Y con esto no nos referimos solo a aparcarlos en una consulta una vez a la semana. Queríamos un seguimiento complejo y pleno. Desde la terapia con profesionales hasta procurarles un grupo de amistades con quienes divertirse y desconectar. También nos juramos que escucharíamos sus gestos, manías y hábitos, aunque ellos mismos no lo hicieran, para empezar a desencallar adicciones y, quizás, conseguir que comieran mejor o empezaran a hacer deporte. Queríamos que pudieran estar solos si así lo querían, pero que en cualquier momento pudieran descolgar el teléfono y tener a alguien al otro lado para lo que necesitaran. Y para garantizar ese nivel de atención sin que nos echaran de nuestros trabajos o sin renunciar a toda nuestra vida social, necesitábamos muchísimas voluntarias. Pero no cualquier persona. Necesitábamos gente realmente comprometida, que estuviera dispuesta a recibir llamadas de madrugada para avisar de que, después de una mala borrachera, un ladrón se había llevado las llaves y la cartera. O de que había que ir corriendo al médico de urgencias. Aguantar largas conversaciones llorosas recordando viejos traumas. Y acceder a acompañar a alguien por enésima vez al monasterio de Montserrat. Todo eso nos ha pasado y, por suerte, siempre hemos tenido a alguien allí para responder al teléfono.

Este cuidado es algo que siempre nos ha definido —aunque no siempre hemos sabido llevar a cabo— y ha sido una de nuestras señales más distintivas. Y es que, para nuestra sorpresa, ninguno de los programas de protección para periodistas o defensoras de derechos humanos que había en aquel momento en España contaba con acompañamiento psicosocial. Y lo sabemos porque los visitamos todos. Fuimos a Madrid, al País Vasco, a Asturias y a otras ciudades en las que también sacaban a personas en riesgo de diversos lugares de Latinoamérica.

De ellas aprendimos mucho, tanto de sus aciertos como de sus errores. De aquellas visitas salieron los primeros protocolos y decálogos, que fuimos elaborando como hormiguitas a raíz de reuniones que teníamos todos los jueves por la mañana. Siempre que nos encontrábamos nos acompañaba una pizarra blanca en la que Arturo iba anotando dudas y progresos hasta que quedaba bien emborronada, pero clara en nuestras mentes. Escribir aquellos documentos fue como hacer volar cometas, imaginando todos los escenarios posibles y sus respectivas soluciones. No quisimos dejar nada al azar y contemplamos qué hacer en caso de que se filtrara información confidencial, si la persona acogida llegara a querer irse antes o después de lo establecido. Incluso llegamos a preparar un protocolo en caso de agresión o violencia sexual. Tanto por si la persona acogida era víctima o agresora.

Hoy, una década después, nos damos cuenta de que no contemplamos ni la mitad de las posibilidades, pero fue un buen inicio. Y con esos dosieres, por supuesto, también fuimos a México. La primera vez que aterrizamos allí como representantes de la Taula per Mèxic fue en 2016, en una misión que definimos como «ir a pedir permiso». Se trataba de una primera gira por algunos estados para explicar nuestras intenciones y comprobar que lo que nos habíamos montado en nuestras cabezas tenía sentido y respondía a las necesidades de los periodistas que, cada día y en su propia piel, vivían la violencia y las amenazas. Estábamos muy nerviosas, porque no queríamos parecer salvadoras blancas.

La agenda de aquellos días fue intensa e incluyó visitas a entidades de defensa de los derechos de los profesionales de la información como Periodistas de a Pie o Artículo 19, CIMAC, el Comité para la Protección de Periodistas (CPJ por sus siglas en inglés) o Reporteros Sin Fronteras. También incluimos a abogados especialistas en Derechos Humanos como Asilegal, colectivos de acompañamiento psicosocial como Aluna e, incluso, visitamos a representantes del Gobierno mexicano, como la secretaría de Asuntos Exteriores o el Mecanismo de Protección que debía velar por la seguridad de los periodistas. También nos dirigimos a la embajada y algunos consulados españoles. Y, por supuesto, nos encontramos con decenas de periodistas.

Para nuestro alivio, la propuesta les gustó y les emocionó. Lo vieron como una válvula de escape para la olla a presión en la que se había convertido el periodismo en México. Tanto que la mayoría de estas entidades se convirtieron en contrapartes y son todavía hoy una pieza esencial del programa. De hecho, son ellas quienes nos proponen a los candidatos y candidatas para el Programa. Hacen un primer filtro, porque son quienes conocen la profesión y a quién le puede ir mejor tomarse un descanso, a pesar de que —como veremos más adelante— casi nadie quiere venir a pasar unos meses a Barcelona. Estas entidades son esenciales porque detectan mejor que nadie las señales de alerta y convencen a los periodistas de la necesidad de tomar un respiro.

En aquel momento embrionario, decidimos que los primeros acogidos vendrían por un periodo de 3 meses para evitarnos tener que tramitar visados. Pero pronto entendimos que no era suficiente y tuvimos que especializarnos en la burocracia tanto de España como de México para poder traerlos durante seis meses. Nos vimos inmersas en el mar de papeleo que supone pedir un visado de protección a personas defensoras y que implica, primero, tramitar unos expedientes

—con la ayuda del Servicio de Atención a Inmigrantes, Emigrantes y Refugiados (SAIER)— que la Dirección de Justicia Global del Ayuntamiento debe enviar al Ministerio de Asuntos Exteriores de España para que este, a su vez, los haga llegar a los consulados en México. Toda una odisea que nos cuesta unos tres meses de trámites a lado y lado del Atlántico y que complica un poco más un proceso ya de por sí complejo. Pero merece la pena. Una estancia de medio año da margen para poder trabajar mejor los traumas y las expectativas, así como los miedos y las dudas. Y ahora ya acogemos cada año, y de media, a seis periodistas.

Hace diez años poco podíamos imaginar que llegaríamos tan lejos. Por aquel entonces recién regresábamos de México y estábamos digiriendo todo lo que nos habían recomendado allá. Era un momento abrumador, pero íbamos sobradas de ilusión. Tanto que hasta sacamos tiempo de esas jornadas de trabajo interminables para preparar detalles que, a priori, podían carecer de importancia pero que para nosotras significaban todo un mundo. Por ejemplo, preparamos un kit de bienvenida. Todavía no sabíamos quién iba a venir, pero ya nos imaginábamos dándole esa carpetita en la que habíamos incluido una guía para moverse por Barcelona, recomendaciones para evitar choques y malentendidos culturales y algunas explicaciones como que los catalanes parecemos distantes, pero en realidad somos buena gente.

Lo teníamos todo listo. Solo nos quedaba una cosa. Escoger a quien vendría. Y después de años de trabajo y gestiones burocráticas, nos encontramos esa tarde de verano de 2017 en casa de Arturo, frente a las solicitudes de personas cuya vida estaba en riesgo. Teníamos esas fotografías de carnet frente a nosotras, que acompañaban a los distintos formularios, a la documentación que demostraban que ejercían de periodistas y a las cartas de aval de, al menos, una de nuestras contrapartes. Sabíamos mucho de ellos, pero nos costaba tanto decidir. No podíamos parar de imaginar escenarios catastróficos en los que alguien que no hubiéramos escogido acabara siendo asesinado. O que quien sí escogiéramos sufriera represalias al volver y tuviera el mismo destino. Nos asaltaron mil dudas que hicieron cuestionarnos todo lo que habíamos hecho hasta entonces. Pero ya era demasiado tarde. Teníamos que decidir.

Pocos meses antes de escribir este libro, nos reunimos con algunas de las personas que estuvieron en esa mesa y que, aquella tarde, tomaron una decisión. Y nos dimos cuenta de algo curioso. Las dudas y los nervios que pasamos nos han hecho olvidar los argumentos que hicieron decantar la balanza. Nadie tiene recuerdos muy nítidos de aquella reunión, más allá de la sensación general de miedo e inseguridad.

Pero finalmente tomamos una decisión: la primera persona que acogeríamos en Barcelona sería un periodista de Sinaloa, Martín Durán.

# III. SINALOA

El narcotráfico en México empezó en Sinaloa. Nadie sabe exactamente cuándo ni cómo, pero llegó con el tren. La construcción del ferrocarril a principios del siglo XX atrajo a muchísimos trabajadores chinos que llevaron con ellos extracto de amapola, el opio, que entonces usaban como medicina. Después, con la Segunda Guerra Mundial, el Ejército estadounidense empezó a demandar grandes cantidades de opiáceos para suministrar a sus soldados en el frente.

Aparte del ejército, el opio también comenzaba a usarse como droga recreativa, con lo que contrabandistas de uno y otro lado de la frontera se frotaron las manos. Hacía solo una década que se había abolido la Ley Seca, así que las rutas y los operadores del contrabando seguían activos. En la Sierra Madre de Sinaloa, los cultivos de marihuana y amapola se volvieron un motor de la economía local y se esparcieron a lo largo de 1.200 kilómetros de cimas escarpadas y valles agrícolas, en lo que se conoce como el Triángulo Dorado mexicano, un amplio territorio lo suficiente inaccesible como para esconder los cultivos ilícitos y lo suficiente cerca de EE.UU. para facilitar la exportación.

La ilegalización de las drogas no se concretó hasta los 70. El presidente estadounidense Richard Nixon, abrumado por la derrota en Vietnam y por la oposición social a sus políticas, declaró formalmente una guerra contra las drogas que criminalizó a productores y consumidores —en aquel momento mayoritariamente negros y hippies, ambos colectivos opuestos a sus políticas—, pero no acabó con el negocio. De hecho, en México creció, porque mientras los gringos cercaban a los capos colombianos en los 80, los mexicanos se quedaron con el negocio de la cocaína, que se sumó a la distribución y producción de goma de opio y marihuana.

Ahora, México es el tercer país del mundo en producción ilegal de opio. Gran parte de la heroína que se consume en EE.UU. crece en esas mismas montañas de Sinaloa. Entre esos cultivos nacieron El Chapo y una larga lista de grandes del narcotráfico mexicano como Rafael Caro Quintero, Alfredo y Arturo Beltrán Leyva o Ernesto Fonseca, alias Don Neto, el maestro de todos ellos. De pueblos vecinos son Ismael Zambada, alias el Mayo, o Amado Carrillo Fuentes, más conocido como el Señor de los Cielos por llenar EE.UU. de cocaína mediante avionetas.

La mayoría de cárteles se consolidó siguiendo el modelo de la mafia italiana: redes de parentesco y vecindad. Su éxito, a diferencia de otros grupos criminales, es la penetración de las estructuras de poder y su red social de apoyo; algo que se palpa en cualquier visita a Culiacán, capital de Sinaloa. Cuando detuvieron al Chapo Guzmán, una marcha multitudinaria desfiló por la ciudad para pedir su liberación, porque "él sí hace cosas por Sinaloa, no como el Gobierno". Las manifestaciones salían de una capilla popular al margen de la jerarquía eclesiástica: el altar de Malverde. Este punto de referencia lleva el nombre de un bandolero de la sierra sinaloense que, a finales del siglo XIX, asaltaba a los caciques y repartía entre sus vecinos. Un Robin Hood mexicano, de pelo y bigote negros, cuya imagen recuerda un poco al Chapo Guzmán y se repite en camisetas, suvenires y hasta uñas postizas.

Culiacán tiene un pequeño centro colonial rodeado por una ribera verde del río que la cruza. Hay barrios humildes y otros no tanto, pero sorprenden las islas de opulencia: doce casinos, una veintena de concesionarios de coches de lujo —todos blindados—, zonas residenciales de ensueño pero, sobre todo, un cementerio que parece una urbanización de clase alta. Los Jardines del Humaya son un panteón privado donde están enterrados grandes jefes narcos como Ignacio Coronel o Arturo Beltrán Leyva. Es una muestra de la fastuosidad del crimen: los mausoleos parecen chalés de lujo. Hay algunos de hasta tres pisos con aire acondicionado, televisión por satélite y wifi. A mí, me llamó la atención el de El Peky, que murió de tres disparos con 25 años. Pese a su juventud y sin tener siquiera un corrido que diese cuenta de sus hazañas, dejó dinero para un mausoleo donde caben 40 personas. Su familia lo visita dos veces por semana. Le ponen ofrendas —flores, cartas, alcohol, tabaco, o cualquier cosa que le gustase— y ven la tele por cable en su tumba, con el aire acondicionado encendido en esa ciudad tropical. En esas construcciones, la de El Peky y la de tantos otros, se repiten las mismas características de los barrios altos de Culiacán: torreones, cúpulas y ojos de buey, tres características de la «narcoarquitectura».

Una opulencia ostentosa que da cuenta del volumen del tráfico de drogas: solo la cocaína representa ganancias anuales de 40.000 millones de dólares para los cárteles mexicanos, según algunas estimaciones. Dinero negro que hay que gastar. La calle Juárez —donde empezó su carrera la Reina del Sur que noveló Arturo Pérez Reverte— es un gran mercado del dólar. Hay infinidad de casas de cambio y puestos ambulantes donde cada día se hacen transacciones al aire libre que pueden llegar hasta los dos millones. Allí el dólar se cambia más barato que en los bancos y no deja huella. La policía parece que tampoco lo ve. Ni las autoridades.

La infiltración del crimen organizado en las estructuras del poder en México llega desde lo más bajo hasta lo más alto. Pero Sinaloa es un lugar particular, porque si bien es muy claro que el narco riega la región, también es un estado que acoge a entidades civiles que trabajan en pro de la transparencia institucional y el lugar donde ganó por vez primera un partido de oposición al sempiterno PRI.[7] En medio de esa amalgama de realidades, Sinaloa resulta que también es cuna de grandes escritores que han explicado la situación en clave de humor o de novela negra y de muchísimos periodistas que se juegan el pellejo por el derecho a la información y a la verdad.

El más reconocido de todos ellos era Javier Valdez. Tenía los ojos chiquitos y la mirada ancha. No se había saciado

---

7. El Partido Revolucionario Institucional (PRI) nació tras la Revolución Mexicana y conquistó la gran mayoría de gobiernos estatales, así como el federal. Gobernó el país durante 71 años seguidos, hasta el 2000. No volvió a la presidencia mexicana hasta 2012, con la victoria de Enrique Peña Nieto, pero la volvió a perder tras una legislatura, en 2018, para dejarla en manos de Andrés Manuel López Obrador (MORENA), quien fue sustituido en 2024 por Claudia Sheinbaum, del mismo partido.

de ver ni de contar, a pesar de haber visto y contado atrocidades. Tampoco se cansaba de hacer chistes, que tenían más gracia si los reías con él. Era un detective de los bajos fondos. Tanto ante la sordidez del entorno como ante la condición humana. Valdez había contado mejor que nadie las fiestas que pagaban los narcos en los pueblos, con sus conciertos de música ranchera, sus chucherías para los niños y los regalos para las familias. Medía el ego de cada capo por las piedras preciosas incrustadas en sus pistolas. Enfocó a sus amantes, mujeres que huyen de la pobreza gracias a su hermosura y que acaban viviendo en cárceles de oro. Retrató a los niños soldado que se evaden con las drogas y buscan en el narco llenar el buche y sus carencias. Puso rostro a los sicarios y las víctimas. Y no se olvidaba de su relación con autoridades corruptas. Todo con una pluma precisa e hilarante, arraigada a su acento y sus modismos. "Yo le tengo más miedo a un político que a un narco. Con los ojos cerrados te corren del trabajo", escribía Javier Valdez en su libro *Con una granada en la boca. Heridas de guerra del narcotráfico en México*.[8] El trabajo periodístico que él defendía era un ejercicio de memoria; era «suministrar pastillas contra el olvido».

Esa dedicación le valió a su revista, *Ríodoce*, el Premio Moors Cabot de la Universidad de Columbia, en 2011. Y ese mismo año le otorgaron el Premio Internacional a la Libertad de Prensa, del Comité para la Protección de Periodistas (CPJ). Valdez fue a recoger el galardón a Nueva York

53

---

8. *Con una granada en la boca. Heridas de guerra del narcotráfico en México*, publicado por Aguilar en 2014.

y en medio de la fastuosidad del hotel Waldorf-Astoria, este periodista cambió su sombrero por un smoking, pero no el discurso:

"Donde yo trabajo, Culiacán, en el estado de Sinaloa, México, es peligroso estar vivo, y hacer periodismo es caminar sobre una línea invisible trazada por los malos —que están en el narcotráfico y en el Gobierno— en un campo sembrado de explosivos", dijo. Y continuó, "esto es lo que la mayoría del país vive. Uno debe protegerse de todo y de todos, y no parece haber opciones ni salvación, y a menudo no hay nadie a quien acudir".

Cuando Javier Valdez fundó *Ríodoce* y ya había acumulado experiencias como para llenar un libro, su paisano Martín Duran, el primer periodista que acogeríamos en Barcelona, era todavía un adolescente que escribía cuentos y poemas de amor a sus compañeras de instituto. Ojos negros, porte recio, un cabello tupido que no anticipaba entradas todavía. El miedo era algo que no conocía. Y solo había visto muertos en algún funeral. Leía vorazmente y soñaba con ser un gran escritor, como solo se puede soñar a esa edad. No podía imaginar que en su vida laboral le iba a tocar bien pronto pasearse entre cadáveres. Al terminar la universidad, Martín empezó a trabajar como corrector ortográfico en el periódico *El Debate*, de Culiacán. Pero él lo que quería era escribir, así que aprovechó la primera oportunidad que le dieron para aprender el oficio. Un día de julio de 2008, cinco meses después de estar de corrector, necesitaban un reportero en la sección de sucesos, que en esa época crecía cada día más.

Por aquel entonces, la ciudad sufría la primera guerra intestina dentro del Cártel de Sinaloa: la facción de Arturo Beltrán Leyva se peleaba a plomo con la que dirigían Joaquín «El Chapo» Guzmán e Ismael «El Mayo» Zambada.

Martín apenas tenía 22 años y todavía recuerda su primera cobertura: un cuerpo envuelto en una manta, arrojado a la orilla de un camino de tierra. Fue su primer muerto, su primer temblor de rodillas mientras caminaba entre policías, peritos, reporteros y empleados de funeraria. A partir de ahí, ya no hubo mucho espacio para la poesía. Ambos grupos sembraron de cadáveres la ciudad de Culiacán y sus alrededores. Como reportero, aprendió que había que dejarse los nervios en casa y ganarse a policías y funerarios, los que manejan la información no oficial, aquellos que hablan con las familias de víctimas y de criminales. Aprendió el oficio en medio de la guerra, en ese momento en los que los medios también aprendían a hacer malabares para cubrir las diferentes facciones del crimen, a contar sin dar nombres, a ignorar cierta información para sobrevivir.

A los cuatro meses de ejercer de reportero, los criminales arrojaron dos granadas en la fachada de El Debate, el diario del que había salido horas antes. El mes siguiente, Aurora Fuentes López, madre del clan de narcotraficantes de Carillo Fuentes, el Señor de Los Cielos, se presentó en el periódico para que Martín le hiciera una nota explicando que el ejército había desaparecido a su hijo. ¿Qué debe hacer un periodista ante eso?

No tuvo tiempo de meditarlo: ese mismo día y poco después de que la matriarca abandonara la redacción, un general sacó a todo el 94 Batallón de Infantería en decenas de vehículos de transporte y artillados, acompañados por seis helicópteros, para sitiar el centro de Navolato, una ciudad agrícola con salida al mar, cuna y bastión de los Carrillo Fuentes. Los periodistas se vieron entonces dentro de un set de película, pero con sangre real. Martín escribió cómo el general subió a zancadas los escalones del Ayuntamiento, sacó al alcalde de su despacho y lo reprendió frente a todos sus oficiales: "El narco está aquí por su culpa, porque usted los solapa a todos".

La intensidad no cesaba. Este joven que quería ser escritor fue aprendiendo «a chingazos» dónde colocarse. "Andan preguntando quién tomó fotos afuera del hospital", le decía de repente su jefe después que Martín hubiera ido a inmortalizar la ejecución de un narco a manos del Ejército. Todo eso antes del primer año de trabajo. Los mejores másteres de periodismo no se hacen en las escuelas.

Cómo él mismo escribe en el libro *Romper el silencio*:[9] "aprendes a sentir por encima de tu cabeza los vientos del huracán, sin sumergirte en él; entre capas de insensibilidad sepultas ciertos dolores, ciertas tristezas que, sin más, vas arrojando en crónicas que nunca reflejan la realidad. Uno es como un cirujano: al principio te dobla y te da náuseas ver la sangre, ya después no te hace mella una operación a corazón abierto".

56

---

9. El libro *Romper el silencio* fue reeditado por la Taula per Mèxic en 2017 y escrito por 22 periodistas mexicanos. Disponible en pdf: https://www.taulapermexic.org/wp-content/uploads/2020/04/LIBRO-ROMPER-EL-SILENCIO-22-GRITOS-CONTRA-LA-CENSURA.pdf

Pero sí deja mella. Martín ha tardado unos años en darse cuenta. La guerra entre los Beltrán Leyva y el Cártel de Sinaloa se fue desplazando a otras zonas del país y dio unos años de tregua a su región, donde el Cártel del Chapo mantuvo la hegemonía y la centralización de sus negocios. Pero ninguna tregua es definitiva y él, como tantos otros, siguió escribiendo en primera línea de fuego. De hecho, pronto empezó a sentir que no tenía suficiente libertad para publicar, y a finales del 2012, con tan solo 26 años, Martín Durán fundó su propio medio con otros dos colegas reporteros, Cynthia Valdez y Elier Lizárraga.

Le pusieron de nombre *La Pared*, porque pensaban que en Culiacán faltaba un muro donde rayar y escribir verdades, algo por construir y donde cualquiera pudiera expresarse. No daba mucho dinero, así que Martín lo compaginaba con colaboraciones para la agencia Associated Press. El medio salió en internet en enero de 2013, pero un amante de los libros como él extrañaba que se leyera también en papel, así que en cuanto se consolidaron, diseñaron una edición quincenal impresa que salió a los tres años de existir, en febrero de 2016. La portada siempre traía un tema relacionado con el narcotráfico.

Para entonces ya existía otra guerra incipiente en Sinaloa. Con el Chapo Guzmán de nuevo entre rejas, volvía a haber una pugna por el poder dentro de la organización. En *La Pared* fueron los primeros en publicarlo, con el titular «Guerra en el Cártel». A partir de ahí, los narcos les empezaron a leer. Se acostumbraron a recibir llamadas de supuestos abogados o de los mismos aludidos para eliminar una noticia del portal o retirar fotos y videos, algunos con voces amenazantes, otros con cierta cortesía que asustaba todavía más.

Y, mientras tanto, la situación iba empeorando. Desapariciones, secuestros y asesinatos eran el pan de cada día. En esa coyuntura, uno de los presentadores estrella de la televisión y la radio mexicana, Ciro Gómez Leyva, publicó el 7 de febrero de 2017 una carta supuestamente manuscrita por dos de los hijos del Chapo donde le declaran la guerra al antiguo operador financiero de su padre, Dámaso López, quién había sido director de la primera cárcel de la que escapó el Chapo Guzmán.

La semana siguiente, Dámaso López quiso dar su versión y dio una entrevista a varios medios, entre ellos *Ríodoce*, de Javier Valdez, y *La Pared*. Martín y Cinthia dudaron de si salir con esa información y, mientras se decidían, retrasaron la impresión en papel. *Ríodoce*, con más solera, lo publicó todo. Salieron el domingo 19 de febrero, pero la revista no duró muchas horas en los quioscos. Hubo una compra masiva del semanario.

El martes siguiente, los editores de *La Pared* se decidieron a imprimir. Martín salía de la imprenta con los fardos de la revista cuando una camioneta roja le cerró el paso. Se acojonó. Pensaba que le iban a matar, pero no: solo querían las publicaciones. Le requisaron toda la edición. Únicamente se quedó con algún ejemplar que había guardado aparte.

Aquella noche fue a aliviar el estrés al bar *El Guayabo*, donde van muchos periodistas sinaloenses. Se encontró a Javier Valdez, quién enseguida le preguntó si le habían comprado toda la edición. Les había pasado lo mismo.

—Ya se calentó todo, hay que tener precaución, bato, cualquier cosa que necesites estamos a la orden—, dijo Javier Valdez con todo su acento golpeado.

La publicación de esa entrevista metió a *La Pared* y *Ríodoce* dentro de la guerra entre la gente de Dámaso Alonso y Los Chapitos —como llaman a los hijos del Chapo—. Aumentaba la violencia en las calles, las llamadas de los criminales al periódico y, con ellas, la incertidumbre. "Ya sacaron un número a favor de Dámaso, ahora saquen uno a favor nuestro y ya no volveremos a molestarlos", les mandaron decir a *La Pared*. No se podían negar. Tuvieron que aceptar incluso su dinero para imprimir. Martín recuerda ese momento con mucho bochorno. Pero era la vida o la ética. Y la ética, colegas, se manosea a diario en esta profesión.

Pero Martín, incluso con la publicación hecha, sentía que todo iba a acabar mal. Que esa novela negra en la que se había convertido su vida no tenía final feliz. Se volvió paranoico. Había días que solo ebrio se atrevía a volver a casa, porque siempre pensaba que al llegar lo estarían esperando para matarle. Planeó una ruta de escape por la azotea de su edificio. Sentía que el periodismo había perdido ante las balas, tanto que su socia y él decidieron dejar de imprimir. Mantendrían solo el portal, con un perfil más bajo. Martín se compró un billete de avión a la ciudad de México. Necesitaba respirar o se volvería loco.

—Vete, bato, aquí ya no hay nada que hacer —, le dijo Javier cuando le contó que se iba — Si ocupas algo no dudes en hablarme.

—Sí, me voy casi un mes y luego pienso qué haré más adelante.

Durante esa despedida, Valdez no le contó que él también había recibido amenazas. Él, a diferencia de su colega, no pensaba irse. Salir de tu ciudad y aceptar el exilio no es plato de buen gusto y, además, no es una opción fácil de sobrellevar emocional ni económicamente. Si Martín pudo permitírselo fue gracias al Mecanismo de Protección para Personas Defensoras de Derechos Humanos y Periodistas que tiene el gobierno mexicano, un programa de acción urgente y protección que ofrece, según el nivel de riesgo, desde una aplicación en el móvil para solicitar auxilio hasta guardaespaldas o el desplazamiento a una zona más segura, normalmente a la capital.

A Martín le brindaron alojamiento en la Ciudad de México. Aquel departamento, que para muchos habría sido un lujo, para Martín fue la depresión en aquel momento. Se sentía un escapista, que había abandonado a sus colegas en Sinaloa, y en aquel piso, solo como un perro, sin apenas conocidos en la ciudad, acababa muchos días ahogando la amargura del exilio con alcohol. El peor golpe vino al mes y medio.

El 15 de mayo de 2017, a las 12 del mediodía, le dieron 12 balazos a Javier Valdez. Lo asesinaron en medio de la calle, en el centro de la ciudad, muy cerca del semanario donde trabajaba. Quedó tendido en el suelo, bocabajo, con el sombrero apenas desplazado de sus pómulos tiernos y bonachones. Ismael Bojórquez, compañero de Javier y cofundador de *Ríodoce*, bajó a reconocer el cadáver. Todavía recuerda "su cuerpo tibio y ese brazo herido con el que, al parecer, Javier se cubrió, como queriendo impedir lo que no tenía remedio".

El impacto todavía es imposible de describir. Al dolor indescriptible se sumó la psicosis. Sabían que podía ocurrir, pero creían haber encontrado el equilibrio midiendo las palabras, los adjetivos. Ese día todo se desmoronó.

"El próximo eres tú, bato". Esa voz resonó durante meses entre muchos reporteros sinaloenses. Pero en *Ríodoce*, apenas se secaron las lágrimas, volvieron a la carga, a una batalla constante contra el miedo y la autocensura. Les pusieron cámaras de seguridad y una patrulla policial en la puerta, permanentemente, aunque no tuvieran motivos para confiar en la policía. Cada día tomaban caminos diferentes para volver a casa, cambiaban los horarios, saltaban de espanto si pasaba una moto. Se sentían constantemente vigilados.

Aun así, organizaban protestas para pedir justicia, marchaban junto a la viuda de Valdez. Menos de un año después, la Fiscalía dio los nombres de los tres presuntos asesinos materiales, aunque ni siquiera los habían detenido todavía. *Ríodoce* salió con sus fotos en la portada del último número de abril. "Si antes de pensar en el lector piensas en el narco o el criminal que va a leer la noticia, ya perdiste la batalla porque ellos ya se metieron en tu redacción", defendía el director Ismael Bojórquez. No toda la redacción estaba de acuerdo.

Desde la Ciudad de México, Martín Duran seguía en contacto con sus compañeros en Sinaloa. Y con la muerte de Valdez se planteó abandonar el periodismo para siempre. Pero ese compromiso con sus colegas de profesión, esa sensación de culpa que deja el salir, se lo impidió. La memoria de Javier le decía que no podía renunciar solo por miedo.

Pero tampoco podía volver todavía a Sinaloa. Intentó reponerse. Conoció a otros periodistas desplazados y realojados por el Mecanismo que se empezaron a apoyar mutuamente. Se emocionó con una compañera, con quien empezó a verse con frecuencia. "Cada vez que pienso en ese grupo, me acuerdo de las ganas de cada uno de estos reporteros de seguir escribiendo, de publicar e idear proyectos nuevos aun en medio de amenazas. A pesar de que la Comisión Ejecutiva de Atención a Víctimas (CEAV) y el Mecanismo los tiene en el abandono, los periodistas siguen publicando desde sus refugios de seguridad. Lo hacen, muchas veces, sin tener un sueldo. Lo hacen desde una simple plataforma de Facebook. En la mañana desde sus móviles u ordenadores parten las historias y las columnas, como botellas al mar que quién sabe si llegarán a sus destinatarios", escribiría Martín.[10]

Aquel grupo le animó, se sintió parte de algo. Empezó a publicar algunas notas como *freelance*. Le invadía una extraña esperanza que le decía que, quizás, todo podría mejorar. Hasta el 19 de septiembre de 2017. Ese día la tierra tembló en México. Un terremoto de más de 7 grados hizo tambalearse los estados de Puebla, Morelos, Estado de México y la capital. Murieron 369 personas. Los daños económicos fueron incalculables.

Los que sobrevivieron, como Martín, se espeluznan todavía con la alarma antiseísmos. El cuerpo tiene memoria.

---

10. Fragmento del libro *Romper el silencio*, editado por la Taula per Mèxic en 2017.

Los gritos de la gente, los aullidos de los perros. Todo crujía: las paredes, los techos, las raíces de los árboles que levantaron las ya de por sí irregulares aceras de la Ciudad de México. Al bajar a la calle, Martín se encontró una nube de polvo y un peligroso olor a gas. No había balas, pero volvía el miedo. México es una olla a presión que no da tregua. Y todo volvió a empezar.

Un par de meses después, Daniela Pastrana, la coordinadora de la red Periodistas de a Pie, le invitó a un café.

—Hay un programa en Barcelona para acoger a periodistas mexicanos en peligro, es una iniciativa reciente, apenas lo ponen en marcha. Hay compañeras ahí que conoces. Podrías presentarte, desde Periodistas de a Pie, avalaríamos tu candidatura, pero hay otras.

Martín se dijo por qué no, la Ciudad de México apenas se recomponía de los estragos del terremoto. Culiacán seguía viviendo una espiral de violencia. Nunca había cruzado el Atlántico. Pensó en uno de sus escritores favoritos, Roberto Bolaño. El chileno se había vuelto famoso con su novela sobre un movimiento literario en la Ciudad de México y había vivido también en Barcelona. Fantaseó con seguirle los pasos, con conocer Europa. Y decidió escribir la aplicación sin muchas expectativas de que lo eligieran. Habrá otros en peores circunstancias que yo, se dijo.

Pero, al final, un sinaloense empezó oficialmente el programa de refugio a periodistas de la Taula per Mèxic.

# IV. LA LLEGADA

El domingo 26 de noviembre de 2017, Martín Durán aterrizó en el aeropuerto de Barcelona. Llevaba poco equipaje, muy poco. "Apenas algo de ropa y quizás algún libro", recuerda. Para un gran lector como él, viajar sin casi qué leer era una manera de empezar de cero. Pero el peso lo llevaba dentro. Martín es un hombre parco. Tanto que nunca llegó a deshacer una de las pequeñas maletas que trajo: apenas necesitó un cuaderno para ir componiendo poco a poco sus cuentos y poesías, y una guitarra para rellenar los silencios de las tardes tranquilas o animar las noches de borrachera. Eso y una chaqueta para protegerse del frío que, como sinaloense, le era desconocido. "El pinche frío era lo que más me jodía", asegura hoy, casi 10 años después de aquel invierno.

Tal vez fue su poco equipaje, o tal vez el racimso institucional, pero llamó la atención de la Guardia Civil en el aeropuerto de Barcelona y, justo cuando ya lo veíamos aparecer entre la multitud que se disponía a salir de la sala de recogida de equipajes, un agente enfundado en un uniforme de polo de manga corta y gorra calada lo detuvo. Y se lo llevó.

"¡No sabes cómo nos asustamos! Hasta nos planteamos entrar y mediar con los agentes". Eso le dijimos hace poco a Martín por videoconferencia, durante una charla en la que recordamos aquellos meses. Pero él, por lo que fuera, no compartió esa angustia. "Ni me acordaba. Pero sí es cierto que me pasó mucho". Le volvió a suceder en Berlín y en más de un viaje en tren le pidieron la documentación. Él sostiene que seguro que es por su aspecto. Martín es un hombre chaparro y moreno, de pelo negro azabache y mirada taciturna. Su semblante siempre es serio cuando está en silencio, aunque cuando se arranca a hablar, se le suaviza la tensión en el ceño y esboza sonrisas. Quizás tiene razón y ese aspecto, para un policía prejuicioso, es lamentablemente una señal de alarma. Su pasaporte de Sinaloa, cuna del tráfico de droga, fue suficiente para que un agente de la Guardia Civil decidiera interceptarlo y registrarle la maleta.

No fue un gran trauma para Martín porque el agente tardó poco en soltarle —ventajas de llevar poco equipaje— y, enseguida, se encontró con nosotras. Después de tantos meses esperando que llegara ese momento, no supimos ni cómo saludarnos. Fue raro. Casi como una primera cita después de semanas charlando por internet. Tan extraño fue ese encuentro que, al principio, pensamos que no le gustamos, que la primera sensación que le causamos fue horrible. Él es muy amable y lo niega, pero seguimos manteniendo nuestra versión porque conservamos una fotografía que la sustenta: en ella aparecen Queralt y Sandra en el parking del aeropuerto, pegadas a Martín y con una gran sonrisa llena de ilusión. Como unas *groupies* que han abordado a su ídolo. Y luego está él, con una cara que tira para atrás.

La sensación no mejoró cuando nos subimos al coche. Él iba mirando por la ventanilla, absorto con el paisaje y en completo silencio. Seguíamos pensando que no le gustábamos. Ahora sabemos que estaba embelesado, analizando todos los detalles que se cruzaban ante él. "Soy el primer Durán en cruzar el charco", nos confesó tiempo después. Nosotras seguíamos pensando qué decirle o qué preguntarle para romper el hielo. Y, de repente, Martín empezó a hablar y ya no se calló durante la media hora que quedaba hasta su nuevo apartamento en Sant Cugat.

En aquel momento, el programa de protección de periodistas todavía no había sido auspiciado por el Ajuntament de Barcelona y, si bien contábamos con una subvención municipal, no teníamos la estabilidad financiera que tenemos ahora. Eso nos trajo diversos problemas, el mayor de los cuales fue encontrar un alojamiento. En esta ciudad donde los precios del alquiler no hacen más que subir y donde la oferta dista muchísimo de la alta demanda, encontrar un hogar fue una misión más que complicada. Nunca se borrará de nuestra memoria las caras que pusimos cuando supimos que el piso que creíamos que teníamos bien amarrado había dejado de ser una opción. Quedaban pocos meses para que llegara Martín y habíamos vuelto, casi casi, a la casilla de salida. No queríamos repetir lo que sucedió con Alberto y sabíamos que nadie volvería a deambular de casa en casa. Seguimos buscando en el despiadado mercado inmobiliario, dando voces a amigos y familiares y rezándole a la Virgen de Guadalupe y a la Moreneta para encontrar algo. Y después de algunas semanas de búsqueda intensiva… Nada. Estábamos donde empezamos.

Cuando la fecha de llegada de Martín se aproximaba, supimos que la Generalitat de Catalunya, a través de la Agència Catalana de Cooperació pel Desenvolupament (Agencia Catalana de Cooperación para el Desarrollo) volvía a poner en marcha el Programa catalán de protección de personas defensoras y que para esa edición todavía tenían una habitación libre. Y esa fue la primera de muchas veces que echamos mano del artículo 19 de la Declaración Universal de los Derechos Humanos, que asegura que toda persona tiene derecho a la libertad de opinión y expresión, lo que incluye poder «investigar y difundir informaciones». Por lo tanto, y en base a eso, entendemos que los periodistas también son defensores de los derechos humanos. El Gobierno catalán también lo entendió así y nos facilitó la habitación a cambio de amueblarla. El piso era compartido con otras dos personas defensoras acogidas en la localidad de Sant Cugat, a unos 30 km de Barcelona.

En un primer vistazo, Sant Cugat está en las antípodas de Cualiacán. Está entre las primeras 10 ciudades más ricas de España, lleno de chalecitos y barrios residenciales arbolados y cuya policía tiene como máxima preocupación las multas de tráfico. Y allí fue a parar Martín, un sinaloense que se había pasado los últimos años trabajando entre muertos y amenazas. Su piso estaba frente a una pequeña plaza que acogía algunas cafeterías y restaurantes. Enseguida se enamoró de un bar donde a menudo iría a desayunar y a leer. Aquellos cafés con leche fueron uno de sus pocos caprichos —como hemos dicho, era parco y fan de Bolaño, conocido por llevar siempre un café con leche en la mano—. El resto de comidas las haría, o bien con nosotras, en cenas festivas o en algún menú del día después de una charla y de camino a otra. O bien en la pequeña cocina del piso que compartiría con otras dos personas colombianas.

"¡No manchen, me pusieron en el cuarto de servicio! En el que guardan las escobas". Así recuerda hoy Martín su primera impresión de la que sería su habitación. Pero, ni en aquel momento dijo nada, ni era tan grave como lo hace parecer ahora. Era una estancia pequeña, sí. ¿Mucho más que la de sus compañeros? Puede ser. Pero es el precio a pagar por llegar el último: como en las colonias del colegio. El que se retrasa se queda la litera de abajo o la habitación pequeña. Y ese fue Martín. "Pero si traías poco equipaje, ¿qué más te daba?", le rebatimos, con la confianza que regalan años de amistad.

En efecto, tardamos poco en instalarle y no hubo ningún problema en hacer caber sus pertenencias en aquella estancia en la que, por otro lado, pasaría poco tiempo. Cruzamos algunos saludos rápidos y cordiales con sus nuevos compañeros de piso, pero no nos entretuvimos. Nos esperaba la primera actividad de Martín en Barcelona, y la que habíamos preparado con más ilusión hasta la fecha: su comida de bienvenida.

No le gustó. Preparamos una fideuá en un encuentro en el que estaban todas las personas que habían hecho posible que Martín estuviera en Barcelona. Todavía ahora, casi diez años después, le parece detestable la fideuá. La paella tampoco es lo suyo. Pero es que era muy osado hacerle una fideuá negra —la que se tiñe con la tinta de la sepia y el calamar— a alguien que viene de Sinaloa. Allí no solo se da bien la droga. Son buenísimos en los tacos de camarón, en los de marlin —un pescado azul— y en el aguachile, un ceviche con mucho picante. Pero, como a la tranquilidad que vivió en Barcelona, Martín se acabaría también acostumbrando a la gastronomía.

De la primera a la última llegada han pasado ocho años y muchas cosas. Es febrero de 2025 y Martha Guillén sale por la misma puerta del aeropuerto por la que salió Martín. Mirando a todos lados. Hay mucha gente esperando, un desfile de comercios al fondo, y una luz de día que la confunde, ya que en su reloj, que sigue marcando la hora mexicana, todavía no son ni las 7 de la mañana. Busca con los ojos una señal. Mira el móvil que trae en su mano. Martha tiene 30 años y es la primera vez que pisa un país que no es el suyo.

Esta periodista del estado de Jalisco sufrió un desplazamiento forzado hace cinco años que cambió drásticamente su vida y que le ocasionó un montón de problemas. No obstante, siguió trabajando. Es la coordinadora del área de comunicación del Centro de Justicia Para la Paz y el Desarrollo A.C. (CEPAD), una organización que acompaña a víctimas de violaciones graves a derechos humanos, como desaparición y tortura, y aborda situaciones de represión en protestas. También coordina, junto a su pareja, *El Suspicaz*, un medio local de Jalisco. Ambos roles la han seguido exponiendo de manera directa y constante al contexto de violencia.

Martha está cansada, reconoce que el estrés ha hecho que se descuide y hasta ha llegado a desatender medidas básicas de seguridad que la han puesto en riesgo. Por eso está ahora en el aeropuerto, donde Arturo Landeros, de negro y con gorra, cincuenta años largos, le hace un gesto con el brazo. Es el Coordinador del Programa. Llevan semanas hablando por *WhatsApp* y hasta se habían conocido en México. Aun así, no ha faltado quien le ha dicho que a ver si el programa era una tapadera de trata de personas y, aunque después de siete años de existencia ella conoce a otros periodistas que han estado acogidos en Barcelona, la idea se le cruza por la cabeza. La explotación de personas es una de las actividades delictivas más lucrativas del mundo y ella ha cubierto demasiadas historias relacionadas. Intenta quitarse ese pensamiento intrusivo y saca su mejor sonrisa. Arturo la reconoce. Ella trae una camisa de *animal print*, cara de cansada y arrastra una maleta roja.

Van a buscar un taxi juntos y en media hora están en un apartamento de la calle de Villarroel, ya en Barcelona, que el Programa conserva desde hace un lustro y donde pasará sus próximos meses. Ahí la esperamos con una humilde bienvenida: un pollo asado y algunas cosas de picar que han traído las dos personas que han podido escaparse de sus trabajos un martes al mediodía. También están en el piso Mónica Cerbón y Elisabeth Díaz, dos periodistas que han llegado unas semanas antes y con quienes compartirá su estancia en Barcelona. Ella finge escuchar las conversaciones y palabras amables que le dirigen, pero por momentos solo alcanza a concentrarse en el frío que hace en la casa. Es un día gris y húmedo de febrero en Barcelona, y en Guadalajara hacía una docena de grados más cuando salió. Sus compañeras, aunque también tienen frío, no han puesto la estufa. En la mayoría de regiones de México es mucho más común prender un ventilador que un calefactor.

El cansancio la empieza a abordar. No ha pegado ojo. Estuvo trabajando hasta el final y apenas en el aeropuerto tomó consciencia del viaje que emprendía. Como Martín, y como la mayoría, es la primera vez que viene a Europa. De repente, sintió el vacío, la incertidumbre. Y la mortifica la última imagen de su perrita Kira, llorando y temblando porque ella se iba. «¿Y si piensa que la he abandonado?», se pregunta.

Los vínculos que se dejan atrás son uno de los lastres más pesados para los y las periodistas que acaban de llegar. Después de años dedicándose a sus fuentes, a sus historias y a sus compromisos, se descuidan a sí mismos y, al dejar todo atrás, se sienten desubicados. "Creo que es la primera vez que me antepongo a mí misma", explica Martha.

"Piensa que al final solo son unos meses", le dice Mónica Cerbón para animarla. A muchos barceloneses, con ese orgullo de ciudad que exporta al mundo, les temblaría el ojo al oír que, nada más llegar, ya piensan en irse. Pero al contrario de lo que mucha gente puede creer, la mayoría de personas acogidas en el Programa no desea venir. Lo que quieren es no tener motivos para dejar su país, su casa, sus seres queridos. Es injusto que sean ellas quienes tienen que dejarlo todo para ponerse a salvo, y no los agresores.

Martha reconoce que es una "llorona". Lo dice mientras le tiembla el mentón y los ojos se le humedecen al contar su historia. Se ha antepuesto a sí misma al decidir venir, pero su mente no piensa en ella, sino en los suyos. En quién va a acompañar a sus fuentes, los familiares de desaparecidos en su tarea. Piensa en Kira, a la que dejó en la puerta de su casa junto a su pareja. También piensa en él, con quien levanta, mano a mano, ese pequeño medio de comunicación. "Justo el día antes de llegar, hicimos una publicación que nos trajo un incidente de seguridad. ¿Cómo voy a gestionar todo esto desde aquí?", se pregunta.

Sus compañeras la escuchan atentamente, sentadas alrededor de la mesa del comedor del piso de acogida. Esta conversación se da durante la tarde —todavía nublada— del jueves, el tercer día de Martha en Barcelona y es la primera vez que se sientan a hablar de sus vidas e historias, con motivo de una entrevista para este libro. Al principio, hay reticencias. "Es casi como una reunión de alcohólicos anónimos. Hola, soy Martha y estoy triste", bromea ella.

"Bueno, ya verás como todo va bien y tu compa estará bien", la consuela Mónica. Tras esta frase, Martha, que tenía la mirada perdida y a quien su cabeza había transportado a otro lugar, vuelve y empieza a reír. "Antes de venir tenía muchísima chamba y no tuve tiempo de procesar que venía, hasta el punto que me tuvieron que armar las maletas porque yo estaba bloqueada. Y… —aquí le empiezan a subir los colores— cuando llegué vi lo que me empacó mi novio. Entre todo lo que me puso había una foto de amor. Una foto suya".

Esta anécdota despierta las risas de Mónica y Eli, que la chinchan con bromas y burlas. De repente, el ambiente se destensa y se crea un pequeño vínculo entre ellas. Uno de los primeros. "¿Sabes? Aquí nos sabemos acompañar, estamos respetando nuestros tiempos y eso me gusta. Estaba un poco preocupada al principio", se sincera Eli, para evidente alivio de Martha, que se sabe en un lugar seguro.

Sus dos compañeras apenas llevan dos semanas en Barcelona, pero ya asumen su rol de mentoras y le explican cómo funciona el piso y la ciudad, transmitiéndole las pocas experiencias que han acumulado. Le cuentan dónde está la tienda, la farmacia o el metro.

—Es fácil, es como el de la Ciudad de México —, le dice Mónica.

—Nunca he usado el metro de la ciudad de México —, contesta Martha.

—No te preocupes, ya iremos juntas. Es muy sencillo, podemos ir a ver la ciudad, a museos —, le anima Eli, pero Martha duda.

—Cuando antes decían que salían a caminar, yo me di cuenta que desde el desplazamiento que no salgo sola a ningún lado —, se sincera.

—Poco a poco. A mí me ha ayudado mucho, pero es cierto que, cuando me doy cuenta de que me he alejado un poco demasiado, me entra la urgencia de regresar —, añade Mónica.

"¿Saben dónde podemos ir? Conozco un lugar en el que hacen unas quesadillas buenísimas. Y otro donde dan tacos a un euro". Quien habla es Natalia. Ella es lo que llamamos «votana», personas voluntarias que se dedican a dar apoyo emocional y a acompañar a las periodistas acogidas. Este término está directamente tomado del zapatismo y la cosmovisión maya. El significado de «votana» en maya no es exactamente el de guía, sino el de aquella persona que te acompaña a recorrer un camino nuevo para ambas. Natalia es la última de las votanas que se han acercado a la Taula y Martha, Mónica y Eli son las primeras personas a las que acompaña.

En este caso, como en muchas otras relaciones que empiezan, la comida es uno de los primeros vínculos que se crean. Y más si se viene de un país como México, donde, al igual que aquí, sentarse alrededor de una mesa y pasar largas horas comiendo y bebiendo es un rasgo cultural. "Hay un lugar que está muy padre. Es como un abarrote, pero aquí se llaman badulaques. Y venden comida de todos lugares de Latinoamérica. Creo que incluso venden harina de maíz y salsa verde", relata Natalia, mientras a Eli y a Mónica les hacen los ojos chiribitas. "Menos mal, porque sin picante…", dicen. Ellas son de las que no podrían pasar sin recordar el sabor de la tortilla y el mordisco de un chile en la lengua. En cambio, Martha se interesa por la cocina catalana. "Y aquí, ¿qué comen?", nos pregunta. La respuesta es una ruta por diversos restaurantes como el Gelida o el Cal Boter y se lleva la promesa de embucharse un buen *Esmorzar de forquilla* (desayuno de tenedor, o el *brunch* que se come con barretina y se riega con vino en porrón).

"Otra cosa que tienen que hacer es llevarlas a conocer el vermú". Ahora es Arturo el que habla. Lleva un buen rato desaparecido; ha dejado que las tres periodistas charlen tranquilas entre ellas y con nosotras, pero al oír hablar de comida un cosquilleo le ha impedido seguir con sus tareas. Estaba instalando la nueva nevera, que ha llegado después de que la antigua decidiera que su época de servicio a la comunidad había concluido. Coordinar un programa como este significa que el teléfono de Arturo puede sonar a cualquier hora de la madrugada, porque han saltado los fusibles o porque alguien tiene una crisis de ansiedad. Arturo, arquitecto y sociólogo, especializado en derechos humanos y con un doctorado en desarrollo sostenible, ha aprendido a hacer mantenimiento en la casa, arreglar neveras y aguantar neuras. Ahora se pone a revisar el microondas y después trastea con el viejo reproductor de DVD que descansa bajo la televisión.

"¿En serio siguen teniendo este cacharro?", preguntamos. Lo anacrónico del aparato despierta risas entre las periodistas, sobre todo en Eli, que apenas tiene 25 años y es posible que jamás haya usado uno. Pero su presencia está justificada: en ese apartamento, que sigue conservando los muebles típicos de los pisos de los años setenta, el aparador de roble donde nuestras madres y abuelas guardaban la vajilla, hoy alberga centenares —sin exagerar— de películas como *La lista de Schindler*, la trilogía de *El señor de los Anillos* o *Acorazado Potemkin*, gran muestra del ecléctico gusto cinematográfico de Arturo, que ha cedido su colección de films y libros al Programa. Todo dispuesto para pasar las primeras semanas en Barcelona, que para muchos son de encierro e introspección para pasar el «luto» de este breve exilio.

"Son unos días muy complicados. De muchas emociones, de cambios, de comprender cosas. Es como mirar a ese abismo al que no has querido mirar porque no sabes qué vas a encontrar", reflexiona Mónica. Ella viene de Aguascalientes, una de las regiones más violentas del país, y se dedica a reportar casos de corrupción. El último le valió amenazas por parte de agentes que ella identifica como personas vinculadas al gobierno de su estado. Pero es de las que sigue investigando y publicando en una rueda que no para de girar, muy conocida por los periodistas independientes que carecen de salario y van a tanto la pieza. La precariedad y los precios irrisorios de las notas en México no dejan que periodistas como Mónica paren, ajenas a cómo este ritmo afecta a su salud física y mental. Y no es hasta que para y llega a Barcelona que, como dicen en México, le cae el veinte. "Llevaba mucho tiempo sin atender ciertas cosas. Ahora solo quiero descansar", asegura con un atisbo de culpa en los ojos.

"Jamás me había detenido y siento que ahora sí necesito parar. Aunque, bueno, tampoco es que vaya a dejar de trabajar, solo voy a hacerlo a otro ritmo", dice, excusándose, mientras posa las manos sobre su portátil. A pesar de estar a kilómetros de distancia y a una diferencia horaria de unas siete horas, Mónica, igual que Martha y Eli, siguen vinculadas a sus ciudades, a sus trabajos, a sus compañeros y a sus fuentes. De hecho, cuando nos reciben en su casa, las tres están frente a sus ordenadores, como si formaran una redacción recompuesta. Eli sigue publicando noticias casi a diario en el medio *Once Días*, donde informa sobre las consecuencias de los aranceles impuestos por Donald Trump o la inflación. Pero su verdadera pasión no es la economía ni la prensa escrita: ella se desvive por la fotografía, con la que acompaña y denuncia violaciones de Derechos Humanos en México. Su trabajo con comunidades indígenas y con familiares de víctimas le ha valido amenazas, agresiones físicas y la destrucción de su material de trabajo en repetidas ocasiones.

Hace un tiempo, no tuvo más remedio que acercarse al Mecanismo de Protección mexicano a pedir ayuda. Y se la dieron, pero a un alto coste. El Gobierno comprueba su seguridad realizando varias llamadas al día. "A veces, son hasta sesenta", explica Eli. Además, su casa está plagada de cámaras de seguridad y de concertinas, "como si fuera un acorazado. Era difícil descansar allí, porque solo con lo que veía por la ventana me ponía alerta. Todo el tiempo en tensión".

Ahora, desde su balcón en Barcelona no ve concertinas ni cámaras de seguridad. Pero esa tranquilidad la desconcierta. "Estar acá es difícil y complicado. Estoy más calmada, pero a la vez es una privación de ciertos espacios que he ido construyendo con mucho tiempo y esfuerzo". Eli se siente lejos de los suyos, del periodismo que le gusta y de los frutos de su trabajo. De hecho, a los pocos días de llegar a Barcelona, se inauguró en la Ciudad de México una exposición en la que había participado. No estar allí, tener que vivirlo a través de videollamadas con sus amigos o de los *lives* de Instagram, la sumió en un estado de tristeza que la acompañó durante sus primeras semanas.

"Estoy muy triste, pero ¿sabes qué? Me prometí que iba a disfrutar mi dolor y que iba a darme tiempo para ver cómo estaba". Y así lo hace. Si Mónica se da esos momentos para pensar con sus paseos, Eli prefiere quedarse en casa las primeras semanas. Sin rencores ni culpabilidad. Además, reconoce que no tiene debilidad por el estilo de las ciudades europeas, a las que llega a considerar anodinas. Y Barcelona puede ser muy confusa, acelerada y hostil al llegar. Y más si no vienes del norte.

Martha no puede evitar estar un poco de acuerdo con las palabras de Eli, a pesar de que lleve pocos días en la ciudad. La primera vez que salió del piso, se aventuró a ir a desayunar, una actividad que, reconoce, es de las pocas que lograba separarla de la pantalla en Jalisco. Eso y dar un paseo con su perra. "Me doy cuenta de que soy algo codependiente, porque desde que he tenido problemas de seguridad que me he acostumbrado a no salir nunca de casa sola. Y ahora me siento perdida. Sobre todo, porque a veces no entiendo a la gente", apunta. Se refiere al catalán, lengua que desconocía que se hablara en esta región de España y con la que tuvo contacto por primera vez mientras buscaba algo rico para romper el ayuno. Se agobió y pensó que no la iban a entender. Contradiciendo las estadísticas oficiales, a Martha le pareció que todas las personas que iban por la calle hablaban catalán y se bloqueó. Ahora recuerda el episodio entre risas, pero en aquel momento se paralizó, justo cuando la camarera de una cafetería esperaba a que le indicara qué quería. "Me da uno de eso". Eso fue lo que acertó a decir, mientras señalaba uno de los bocadillos, creyéndose incapaz de hacerse entender si pedía otro de los productos disponibles, que le parecían más curiosos y apetecibles.

—A mí me tranquilizó ver que en el barrio había otras personas latinas. Sentir que no somos las únicas me alivia —le responde Mónica Cerbón.

—Pues imagínate para mí, que estoy bien prieta. Si ya me discriminaron con el trámite del visado… —añade Martha.

Prieta o prieto es como llaman en México a la gente de piel morena. Y, efectivamente, a Martha le costó bastante más que a otras compañeras conseguir el visado en el consulado de Guadalajara. El personal de inmigración se negó a tramitarlo si antes no presentaba el billete de avión cuando, hasta ese momento, a ninguna de las periodistas que había llegado antes se le había exigido ese requisito. Barcelona se jacta de ser una ciudad cosmopolita y de acogida y, aunque es cierto que en sus calles se dan menos episodios de racismo que en otras localidades catalanas o españolas, no está exenta de discriminaciones. Y eso es algo que casi todos los periodistas relatan y que, inevitablemente, marca su estancia lejos de casa. Eli lo sabe, porque vivió un episodio de racismo institucional cuando apenas llevaba una semana en el piso.

Lo que ella vivió no fue de la mano de la Guardia Civil en el aeropuerto, como le sucedió a Martín, sino por parte de otro tipo de trabajador público. Este, dentro de un despacho.

Eli iba a gozar de un servicio público al que tenía un derecho indiscutible como persona que ya había sido empadronada en Barcelona, aunque no tuviera papeles españoles. Pero a pesar de ese derecho adquirido, su presencia le fue cuestionada: ¿Tú trabajas aquí? ¿Tienes dinero? Pues a ver si te atienden...

Eli salió enfadada e indignada con el racismo y el colonialismo que sigue haciendo de las suyas en Europa. Y así se lo hizo saber a Arturo y a otras personas de la Taula. Aquello, le aseguraron, nunca había pasado. Pero no era excusa para correr un tupido velo y hacer ver como si nada hubiera pasado. Reportaron al Ayuntamiento lo sucedido y este concertó una reunión con los responsables del servicio que había discriminado a Eli. Y todo fueron sorpresas. Los hechos fueron reconocidos y a partir de este incidente se articuló un procedimiento para que no volviese a ocurrir algo parecido. Qué mejor rectificación que asegurarse que no se volvería a ejercer más racismo institucional con nadie más.

Finalmente, Eli fue atendida, pero sus primeros días, como los de muchas otras personas, fueron difíciles, marcados por la tristeza, el rencor, la rabia de haber tenido que salir sin haber hecho nada malo, la culpa de no seguir ahí y, a la vez, el temor a volver. Y ciertos episodios de racismo, los posibles malentendidos con compañeras de piso o con las votanas, no ayudan a que se sientan en casa en ese apartamento que todavía les es ajeno. Son muchas las personas que no quieren venir, que no quieren estar con nosotras, compartir tiempo ni saber qué tiene a ofrecerles la ciudad. Y es normal. Después de tantos años, hemos entendido que es una reacción normal, pero pasará. Igual que pasa el miedo y la tristeza. A Eli le costó un poco, pero algunas semanas más tarde ya había bajado algo la guardia y se permitía relajarse con nosotras, vermú en mano y risa en los labios, mientras dejaba que el sol acariciara su cara en uno de los primeros fines de semana realmente primaverales que dejaba finalmente atrás esa tarde fría, nublada y lluviosa de febrero en la que llegó a Barcelona.

exil

Avda. República Argentina 6, 4º, 2ª
08023 Barcelona
Tel. 93 238 57 60
Metro: Lesseps (Línea verde)
exilspain@pangea.org
www.centroexil.org

# V. ALTAVOCES CONTRA LAS BALAS

"Nuestra seguridad está siempre en riesgo. Pero tenemos que seguir informando". Esa frase la dijo el activista y comunicador Samir Flores en la última entrevista que concedió antes de ser asesinado.[11] Dos semanas después, el 19 de febrero de 2019, recibió cuatro impactos de bala. Eran las 5:30 de la mañana cuando varios sujetos entraron a su casa, donde vivía con su esposa y tres hijos, para asesinarle. Tenía 37 años. Samir era indígena nahuátl, campesino y vecino de Amilcingo, un pueblo del estado de Morelos, a poco más de una hora de la Ciudad de México. En esas tierras que su familia llevaba décadas labrando, el Gobierno trabaja para instalar un gasoducto que, según denuncian las comunidades, destrozará el territorio y dificultará el acceso al agua de las personas que viven en sus inmediaciones. Es uno de los tantos macroproyectos que salpican México —que cuentan con la inversión de empresas españolas como, en este caso, Abengoa, Elecnor y Enagás— y que amenazan con destruir ecosistemas y desalojar a poblaciones enteras en nombre del progreso.

Samir estaba en contra de ese gasoducto. Él nunca había aspirado a ser activista y, mucho menos, comunicador; solo quería cosechar sus tierras y seguir ampliando la colorida

---

11. Entrevista de Daliri Oropeza y Aldabi Olvera para *Pie de Página* https://piedepagina.mx/la-ultima-entrevista-de-samir/

colección de granos de maíz que encontraba durante sus jornadas. Pero se vio obligado a tomar el micrófono. El suyo llevaba impreso el logo de Amilitzinko, la radio comunitaria, una herramienta informativa hiper local de la que se sirven, sobre todo, los pueblos indígenas para explicar las novedades de la zona, pero también para protestar y organizarse. Samir usó Amilitzinko como altavoz contra el Proyecto Integral Morelos, ese gasoducto de 172 km que quería dejar una cicatriz incurable en su tierra. Llamó a los pueblos a levantarse contra él, a protestar frente a las instancias gubernamentales, informaba a sus vecinos sobre sus derechos y protestaba cuando no se cumplían. Así lo hizo hasta que le asesinaron. Justo el día antes de recibir los cuatro balazos, Samir asistió a una asamblea con motivo de una consulta que el Gobierno iba a organizar ese mismo fin de semana para saber si los pueblos estaban a favor o en contra del proyecto. El comunicador tomó la palabra para recordar a sus vecinos que, según la ley, estas consultas deben ser libres e informadas y que otras votaciones que se habían dado hasta la fecha —con resultados que avalaban el gasoducto— no habían cumplido con esas condiciones. Tras aquella reunión, que fue tensa, Samir volvió a dormir a su casa. Pero jamás volvería a ver la luz del sol. Su asesinato fue el segundo de 2019, año en que otros 10 periodistas o comunicadores perderían la vida.[12]

Samir dejó plantadas muchas semillas antes de que le obligaran a partir. Una de ellas germinó bajo el nombre de

---

12. Según los recuentos de Artículo 19, organización mexicana que trabaja por la defensa del derecho a la libertad de expresión: https://articulo19.org/periodistasasesinados/

Radio Tekuan, un proyecto comunitario creado a partir de su muerte para honrarle y para seguir con su espíritu informativo de lucha. Su *alma mater* es Guadalupe Záyago, una mujer indígena, de etnia tlahuica, residente en el pueblo de Alpuyeca (Morelos), y amiga de Samir. Ella, maestra de lectura de la escuela de su comunidad, nunca se había visto como periodista. Pero cuando asesinaron a Samir fue al aula de informática, vio los ordenadores de mesa, las webcams y un micrófono guardado en el armario y no se lo pensó. "Nuestra radio cumple años igual que Samir. La encendimos por primera vez el día de su muerte, empezamos a hablar y a denunciar. Lo hacíamos desde la clase de la escuela, así que imagina, no teníamos nada de experiencia", recuerda Guadalupe, que llegó a Barcelona a mediados de 2024, tras cinco años de emisiones. Radio Tekuan tiene una característica especial y es que parte del noticiero lo locutan los niños y niñas de la escuela, como una manera de conectarlos a su comunidad. Los oyentes pueden apreciar sus agudas vocecitas dando el parte del tiempo, reportando cómo fueron los festejos de tal o cual celebración, o entrevistando a una doctora que da consejos a ancianos para mantenerse hidratados en plena ola de calor. Después, son las adultas —mayoritariamente mujeres— quienes dan «las malas noticias».

En la radio colaboran casi cuarenta personas, pero Guadalupe estuvo años asumiendo gran parte de la carga del medio, redactando boletines y «saltando al micrófono», como ella misma dice. Además, como muchas otras radios comunitarias, se sirven de las redes sociales para transmitir en directo así que, además de su voz, cualquiera puede saber también qué aspecto tienen estas periodistas autodidactas. Y las amenazas no tardaron en llegar. "Caminas y te va persiguiendo la moto, te sientes vigilada. Estás tomando agua en una terraza y llegan y disparan a la persona que estaba al lado de ti". Así fue la vida de Guadalupe por mucho tiempo, durante el cual llegó a normalizar esa violencia extrema. "La naturalizas. Las amenazas forman parte de tu vida. Dices, *bueno, es que es así y un día de estos me van a matar*".

Esta comunicadora tenía —y tiene— protocolos como llevar siempre un botón de seguridad con ella y avisar en todo momento de dónde estará. Incluso llegó a tener una «guardia comunitaria», formada por personas voluntarias del pueblo que custodiaban la puerta de la escuela cuando tenía que quedarse sola hasta tarde. A veces, incluso la acompañaban hasta su casa y se quedaban allá afuera, vigilando. Pero llegó un momento en que eso no fue suficiente. Antes de venir a Barcelona, Guadalupe se tuvo que ir de Morelos en tres ocasiones. Fueron desplazamientos internos, que es una de las primeras medidas de seguridad que toman los periodistas cuando todo lo anterior ha fallado. Pero aquello tampoco surtió efecto. "Ya sabes, eran lugares no muy lejanos. En algunas horas en coche estaba todo conectado", recuerda Guadalupe. De hecho, las amenazas llegaron a ser tan altas que, en más de una ocasión, han tenido que apagar la radio y guardar silencio durante un tiempo. Así estaba la situación cuando Guadalupe decidió acogerse al programa de protección. La radio no volvió a emitir hasta que Guadalupe aterrizó en el Aeropuerto de El Prat.

La autocensura es una respuesta habitual y frecuente a las amenazas constantes. Es una manera de protegerse momentáneamente y de demostrar que has entendido el mensaje que quienes te quieren hacer callar envían de diversas maneras: puede ser a través de una carta o mensaje por redes sociales; puede personificarse en la figura de alguien que te sigue con la cara tapada por un casco de moto. También hay quien ha entendido la consigna al llegar a casa y encontrarla toda revuelta y ha sabido que, aunque no le robaran, ni en su hogar está seguro. Pueden ser, incluso, agentes de policía o miembros del gobierno los que avisan de que por ahí no, compadre.

Así le pasó a Celia Espinoza. Ella es una periodista independiente de la localidad de Lagos de Moreno, en el estado de Jalisco. Su ciudad se encuentra en medio del país, es un cruce de caminos, ya desde la época de la colonia. Ahora es donde se topan la carretera Panamericana, desde Estados Unidos a Centroamérica, y la Interoceánica, que va desde el Golfo de México hasta el Pacífico. "Es un lugar importante, porque quien lo controla tiene todo el poder y, por eso, el crimen organizado está siempre en pugna" dice ella. En efecto, es una zona en la que a menudo se reportan desapariciones y asesinatos, sobre todo de jóvenes. Ya sea porque se ven obligados a enrolarse en los cárteles como manera de buscar un sustento y sus familias no vuelven a saber de ellos, o porque acaban pereciendo en la guerra entre bandas, de las que a veces forman parte, pero muchas veces simplemente estaban en el lugar equivocado.

Eso mismo es lo que se sospecha que les pasó a cinco jóvenes que desaparecieron en agosto de 2023, en plena noche. Pocas horas después de que se perdiera su rastro, apareció un macabro vídeo en que se veía a cinco chavales en un sótano; uno de ellos era obligado a asesinar a otro de sus compañeros. Las imágenes fueron relacionadas con los desaparecidos, pero la Fiscalía nunca llegó a esclarecer si eran ellos o no. Igual que tampoco llegó a encontrar sus cuerpos. De hecho, un año y medio después, las investigaciones indicaron que podrían estar relacionados con el rancho de Teuchitlán. Un escalofrío nos atraviesa al recordar esas pilas de zapatos que dibujaban las vidas arrebatadas ahí. Junto al calzado, había restos óseos humanos e indicios de incineraciones. También prendas de ropa, objetos de aseo y hasta juguetes. Imágenes que remiten al horror de los campos de exterminio nazis. Teuchtitlán era un campo de adiestramiento del crimen organizado. Es un lugar al que muchos jóvenes acudían engañados por falsas ofertas de trabajo; otros eran llevados allí a la fuerza. Y todos eran obligados a trabajar para el narco bajo amenaza de muerte.

Los familiares de esos cinco jóvenes siguen buscándolos, organizan marchas y plantean acampadas frente a las administraciones. Pero nada parece dar resultado. El caso atrajo a medios de todo el país, que se desplazaron allí a seguir la noticia, pero, transcurridas semanas, aquellos chavales se acabaron sumando a la larga lista de desaparecidos en México y se dejó de cubrir su historia y el dolor de sus familias. Celia Espinoza sí siguió con ellos, acompañándolos y cediéndoles el altavoz de su medio, *Cuadrante 7*, como ha hecho con decenas y decenas de familias de desaparecidos. Pero aquello no gustó a los poderes locales. Lagos de Moreno es un municipio que, en gran parte, vive del turismo. Al haber sido un punto estratégico ya desde la época colonial, su arquitectura es un atractivo a visitar y le valió ser reconocida como patrimonio de la UNESCO y Pueblo Mágico. Así que la insistencia en la noticia de cinco chicos desaparecidos y masacrados en plena temporada turística no gustó.

"Aquel episodio hizo que las visitas se vinieran a la baja y el gobierno entró con violencias", relata Celia. "Me empezaron a vetar de los actos institucionales y me responsabilizaron de la afectación económica de los empresarios por visibilizar y mostrar el rostro de los desaparecidos". Eso la puso en el punto de mira del poder económico e, incluso, de otros compañeros periodistas, que le escribían mensajes por redes difamándola a ella y a las familias que tenían personas desaparecidas. "Era una manera de distanciarse de mí y que no les atacaran a ellos también", relata. Es en ese momento cuando empieza a sentirse insegura. Vivía con mucho miedo, sentía que en cualquier momento le harían algo. Apenas dormía, atormentada. Dejó de caminar por la calle. Solo salía en vehículo y cada día cambiaba la ruta y nunca regresaba a casa más tarde de las ocho de la noche. Revisaba las esquinas y en los restaurantes siempre se sentaba de cara a la puerta y cerca de la salida. Las amenazas venían directamente del alcalde, así que todo podía ir a más. Ahora, Celia revisa aquellos meses y no sabe si la inseguridad era fruto de la paranoia o de una amenaza real, pero el miedo era de verdad.

Fue entonces cuando decidió venir a Barcelona, pero a pesar de estar a miles de kilómetros de distancia, las amenazas y las calumnias continuaron, porque las redes sociales no entienden de fronteras. De hecho, Celia es una de las personas que han pedido alargar su estancia en la capital catalana, ya que su fecha de regreso coincidía con las semanas previas a la celebración de elecciones de 2024, que renovaron tanto los gobiernos locales y estatales, como el federal. "Ya sabes, acá en México siempre se pone bravo todo cuando hay que votar", resume esta periodista. En efecto, se calcula que el 77% de candidatos son sometidos a la violencia.[13] En aquellos comicios se elegían algo más de 2 500 cargos en todo el país y más de 4 700 candidatos acabaron abandonando la carrera electoral por presiones del narco. Y esa violencia se traslada, paralelamente, a la ciudadanía y a los y las periodistas: de hecho, los periodos electorales siempre coinciden con una mayor cifra de asesinatos y desapariciones. Así que Celia se quedó unos meses más de lo habitual. No solo hasta la celebración de los comicios, sino hasta que los nuevos electos asumieron el cargo. De esta manera, evitó volver a una ciudad gobernada por el mismo alcalde que la había amenazado.

Esa decisión hizo que no coincidiera con sus agresores y, además, le permitió estar en un lugar seguro hasta que se calmaran las aguas. Y es que los periodos de violencia vinculados a las elecciones en México no acaban cuando se depositan los votos en las urnas. Las semanas y los meses

---

13. Según un informe elaborado por Armed Conflict Location and Event Data (ACLED), Data Cívica, México Evalúa y Animal Político tras la campaña electoral de 2024. https://www.mexicoevalua.org/violencia-en-elecciones-de-2024-supero-la-de-2018-y-2021/

posteriores, el crimen organizado y los poderes en la sombra tienen que lanzar un mensaje a los cargos que entran, así como a los periodistas que cubren la actualidad local. Sea lo que sea lo que se quiera comunicar, tanto un cambio de fidelidades o su continuidad, la misiva nunca se entrega de manera pacífica. De hecho, no hay que ir muy lejos para encontrar un ejemplo: Alejandro Arcos Catalán fue elegido alcalde de Chilpancingo, la capital del estado de Guerrero, tras los comicios de 2024. Tomó el bastón de mando con un discurso duro contra el crimen organizado para diferenciarse de su predecesora, a quien había acusado de pactar con el cártel. Pero su función al frente de la administración fue breve: solo seis días después de asumir el cargo, fue decapitado. Su cabeza fue encontrada sobre el capó de su coche y el cuerpo en el asiento del copiloto. El asesinato se perpetró pocos días después de que mataran a tres de sus asesores más cercanos. Cada asesinato fue una extorsión para que obedeciera a los criminales, para que se rindiese a sus peticiones. Arcos, por contra, incrementó sus denuncias contra el narco, a quien acusó formalmente de aquellos homicidios. Le callaron sádicamente.

"La cosa no es segura hasta que el caldero se atempera. Y eso tarda, porque durante las elecciones el caldero se calienta muchísimo", resume Celia. Durante los días en los que estuvo meditando si pedía un aplazamiento en su fecha de vuelta, fue presa del insomnio y de la ansiedad. Solo pensar en volver le ponía los pelos de punta. Sufría por ella misma, pero, sobre todo, por su familia. Temía que quisieran enviarle un mensaje y que lo hicieran, como en el caso de Arcos, haciéndole daño a personas cercanas a ella. "Es inevitable: ya has asumido que tu vida corre peligro, pero el miedo a que a ellos les pase algo es demasiado", asegura. Y es que el temor por una misma puede ser paralizante, pero peor es pensar que les puede pasar algo a tus seres queridos por tu culpa. Por algo que has escrito o por haber ofendido a la persona incorrecta. Eso les pasa a muchos y muchas periodistas que ven cómo las amenazas acaban derivando, directa o indirectamente, hacia sus familiares.

Enrique Téllez, periodista de Puerto Vallarta, también del estado de Jalisco, conoce bien ese miedo. Él sufrió un atentado acompañado de la subdirectora del medio para el que trabajaba, Canal 44. "Nos emboscaron en el coche. A ella intentaron asesinarla con un arma blanca mientras a mí me pateaban y apuntaban con un arma de fuego para evitar que opusiera resistencia. Y, durante el ataque, nos robaron nuestras pertenencias y las billeteras, con la identificación en la que figuraba el domicilio de mis padres, donde yo vivía entonces", relata. Enrique empezó a sentirse «paranoico», a moverse por rutas diferentes y llevaba cambios de ropa en su mochila por si sentía que le seguían. Y un día empezó a notar que había coches «sospechosos» aparcados frente a la casa de sus padres. "Lo único que pude hacer fue irme y frenar mi actuación periodística en la zona". Nunca supo quién le amenazó y le agredió. Ese desconocimiento es compartido entre muchos periodistas. Unos tienen claro quiénes son sus agresores, pero otros simplemente tienen sospechas: unos apuntan al Gobierno, otros al crimen organizado. Y hay quienes aseguran que no hay diferencias. La mayoría acaba desarrollando un sentimiento de paranoia y ven al enemigo infiltrado en todas partes. Por eso, muchos se muestran reticentes a denunciar a la policía sus situaciones, porque entienden que el Estado es el mismo perpetrador y causante de su inseguridad. Pero a otros no les queda más remedio que acabar recurriendo al Mecanismo de Protección para Personas Defensoras de los Derechos Humanos y Periodistas. Según el Gobierno mexicano,[14] 990 personas han pasado por el amparo de esta herramienta. A fecha de febrero de 2025, quedaban bajo su vigilancia 688. A partir de sus datos se extrae que el 27 % de los acogidos a esta herramienta desconoce quiénes son sus agresores. Por otro lado, el 41 % asegura que sus agresores son servidores públicos.

Para ingresar en el Mecanismo hace falta solicitarlo a la Secretaría y alguna institución debe aceptar las medidas cautelares, ya sea la Corte Interamericana de Derechos Humanos, la Comisión Nacional de Derechos Humanos, el Convenio Europeo de Derechos Humanos o la Fiscalía General de la República. Una vez se admite la solicitud —el 78 % llega a buen puerto—, se evalúa la situación y se establece qué tipo de medidas de protección se otorgan. Estas pueden variar según la intensidad del riesgo, y van desde un botón del pánico que, al apretarlo, envía la ubicación a agentes de policía, hasta la concesión de escolta o patrullas alrededor del hogar o el lugar de trabajo, pasando por la reubicación temporal o la instalación de elementos de seguridad en casa como puertas blindadas, cámaras de seguridad, sensores de movimiento o concertinas.

14. Datos extraídos de los informes estadísticos mensuales de la Secretaría de Gobernación https://www.gob.mx/defensorasyperiodistas/documentos/informe-estadistico-enero-2020?idiom=es

Las medidas más otorgadas —y las que corresponden al nivel más bajo de riesgo— son el botón de teleasistencia, que porta el 18 % de los beneficiarios, y las llamadas de seguimiento (16 %). También es muy demandada la colocación de medidas de protección en el hogar, a la que se acoge el 11 %. En la otra cara de la moneda, se encuentra la reubicación temporal, normalmente en una vivienda de Ciudad de México, que solo se otorga al 2 % de los solicitantes, ya que es necesario presentar una situación de riesgo muy elevada para que tanto la Fiscalía como el o la periodista se decanten por ella. Otra opción que tampoco es demasiado recurrente son los escoltas, que solo abarcan al 1,7 %. Pero en este caso suele ser porque son los mismos beneficiarios los que descartan la medida. "Es como si te siguiera tu propio agresor. Es regalarle la información de dónde estás y con quién te ves a quien te quiere mal. Además, dificulta mucho el trabajo presentarse a cubrir una noticia o a hablar con una fuente con un policía atrás. Nadie quiere platicar contigo. Y no es casualidad, porque es cierto que esos cabrones te protegen, pero también se encargan de entorpecer tu trabajo", asegura una mujer periodista que pide mantenerse en el anonimato. La corrupción carcome demasiadas instituciones mexicanas.

La sensación general es que el Mecanismo funciona porque desde su creación solo han perdido la vida ocho personas inscritas en él.[15] Entendamos este *solo* como una licencia comparativa, teniendo en cuenta que, durante ese mismo

15. Según el informe *México: la verdad se protege*, elaborado en 2024 por el CPJ y Amnistía Internacional https://www.amnesty.org/es/documents/AMR41/7666/2024/es/

periodo la lista de periodistas asesinados hiela la sangre. Ahora bien, si tomamos el microscopio y observamos los casos particulares, muchos de los beneficiarios aseguran que su situación no ha mejorado excesivamente desde que se inscribieron. De hecho, en todos los años que hace que esta medida está en marcha, el acompañamiento sólo ha acabado en el 27% de los casos. Y es más: en menos de la mitad de ellos ha sido porque el riesgo haya disminuido. En el resto, ha sido el mismo periodista el que ha pedido que se finalizara su acompañamiento, ya fuera por «desistimiento» o por «falta de interés».

"Es que te das cuenta de que no funciona y, si acaso, a veces te puede poner en mayores riesgos de los que te quita", dice esta periodista anónima. Pone de ejemplo el terremoto de 2017. La Ciudad de México fue, con diferencia, la urbe más afectada y donde se registró el mayor número de muertes, debido a la inestabilidad de los edificios, construidos sobre el suelo fangoso de lo que, hace siglos, fue el lago de Texcoco. Centenares de fincas fueron desalojadas durante la madrugada. Martín Durán entonces vivía en la ciudad, en un piso concedido por el Mecanismo tras su desplazamiento interno desde Sinaloa, y fue una de las personas que tuvo que salir en pijama a la calle, para evitar que, si el edificio se desplomaba, lo hiciera con sus residentes dentro. Y cuál fue su sorpresa cuando comprobó que, entre sus vecinos, había decenas de periodistas protegidos por el Mecanismo. "Nos pusieron a todos en el mismo edificio", recuerda con indignación. "Si encontraban a uno, nos encontraban a todos", resume.

Son errores de seguridad y planteamiento que hacen que muchos periodistas duden de la eficacia de esta herramienta gubernamental. "Son medidas reactivas que solo actúan cuando ya te ha pasado algo", asegura desde la experiencia Luis Daniel Nava. Este periodista de Guerrero estuvo acogido en Barcelona en 2018 bajo la protección del Gobierno, pero pidió que se la retiraran. Prefiere dejar su vida en manos de sus compañeros, con los que ha establecido protocolos de seguridad que, asegura, sí sirven para prevenir. "Entras en sintonía con algunos amigos que están en la misma, que también retratan lo que está pasando en el país, y nos cuidamos entre nosotros". Lo que hacen es mantenerse permanentemente en comunicación, acordar ir en comitiva a cubrir ciertas noticias e, incluso, llegar a intercambiarse los coches. También se avisan de retenes y movimientos sospechosos. Y vuelven todos a la vez a sus casas o redacciones y acuerdan firmar —o no— las noticias en el mismo momento.

Estas medidas de protección pueden parecer rudimentarias, pero dan seguridad a los periodistas, porque saben que no están solos frente al peligro, que tienen a alguien que vigila sus espaldas. La mayoría de comunicadores amenazados recurre a estas estrategias, ya sea entre colegas y amigos cercanos, ya sea con algunas de las redes y asociaciones de periodistas que hay en el país. Las más destacadas son Artículo 19, la Red Periodistas de a Pie, el Comité para la Protección de Periodistas (CPJ), la Casa Xitla o CIMAC, que sobre todo se encarga de las mujeres. Todas ellas son contrapartes de la Taula per Mèxic y tienen mecanismos para ayudar a periodistas a evitar el riesgo. Algunas ofrecen terapia psicológica y acompañamiento psicosocial sobre el terreno. Otras se encargan de mapear ayudas y oportunidades, como las que ofrece la Taula, para aquellos que necesitan descansar. Y otras, como Periodistas de a Pie, —que también funciona como red de medios— posibilitan que un reportero pueda publicar una noticia en otro periódico que no sea el suyo para así aflojar la presión que se está estableciendo sobre una cabecera en particular. O, incluso, se han llegado a publicar reportajes sin firmar en varios medios a la vez para evitar que se responsabilice a nadie en concreto de esa información.

El periodismo es una profesión en que el ego pesa muchísimo, pero a veces pesa tanto que, si no se deja a un lado, puede poner en riesgo la vida. Por eso, en lugares como México —el país sin conflicto bélico más peligroso para reportear— hay que abrazar el trabajo colectivo. Desde esta perspectiva también se plantean los protocolos de estas entidades para ayudar a compañeros que están en una situación de riesgo. Al reportar una amenaza, se activan una serie de mecanismos que alertan a periodistas o entidades amigas que están cerca y que, por ejemplo, pueden acogerle en un lugar seguro. Hoy por ti y mañana por mí. Mientras la alarma está activada, la persona que está en riesgo va recibiendo llamadas para reportar si está bien y dónde se encuentra y, hasta que no llega a casa, sana y salva, no se le quita el ojo de encima. Puede parecer exagerado, pero si vas en el coche, por una carretera semidesierta, después de haber recibido una amenaza de alguien que no te quería en un terreno, saber que tienes personas pensando en ti o una casa preparada para acogerte puede marcar la diferencia. "El miedo te lleva a hacer cosas muy peligrosas, a exponerte más. Los compas no van a salvarte directamente, pero saber que están ahí te hace estar más tranquilo y, por tanto, tomas mejores decisiones", explica Luis Daniel.

Algo en lo que insisten muchos periodistas es que el pánico puede ser traicionero, pero es importante reconocerlo. "Es necesario entender que todas las emociones tienen una razón de ser, el miedo también. Y negarse a sentirlo puede ser muy peligroso", explica Wara Revollo, psicóloga y responsable del área de psicosocial del Programa Barcelona Acoge Periodistas de México. De hecho, «reconocer el miedo» es uno de los aprendizajes más valiosos con los que Guadalupe Záyago volvió a Morelos después de su paso por Barcelona. "Parece que los comunicadores y defensores de los derechos humanos debemos no tener miedo, pero no es así. Ya está bien eso de patria o muerte; es la vida lo que hay que preservar. Y la esperanza. Basta de arrojarnos a todo sin pensar", asegura.

Que Guadalupe, una mujer ruda y con un carácter arrollador a quien nunca le tembló la voz ni la determinación, volviera mucho más prudente descolocó a muchos de sus compañeros. "Maestra, es que creo que a usted ir a España le hizo mal, le dio miedo". Así le dice Jorge, el compañero de Samir Flores que quedó al cargo de la radio de Amilitzinko. "Yo le digo que no, que aprendí a reconocer que tenía miedo. Antes lo veía como una cuestión de debilidad. Pero ahora he entendido que no vale decir *esto es así y un día me matarán*. No, hay que seguir con vida. Y para eso es importante saber cuándo una tiene miedo, porque el miedo te está diciendo algo", reflexiona Guadalupe. Efectivamente, como apunta Wara, el miedo tiene la función de avisarnos cuando algo no va bien, cuando —aun sin ser plenamente conscientes— hemos detectado sombras, movimientos, susurros, olores o crujidos que nos avisan de un riesgo inminente. Abrazar ese miedo y no negarlo cuando llega hace que, paradójicamente, pueda irse y no esté pinzando los nervios y las entrañas constantemente, aun cuando no haya nada ni nadie acechando. "Antes siempre tenía miedo, y como no quería reconocerlo, no sabía cuándo había peligro y cuándo no. Pero ahora sé qué es lo que me asusta y puedo identificarlo", explica Guadalupe. Antes, por ejemplo, si veía "cinco motos a lo lejos", ella iba directa hacia esos vehículos. No podía darles la satisfacción de verla temblar. "Pensaba: me están esperando. Pues órale. Si a mí me pasan las balas, a esos pendejos también". Pero ahora no duda en meterse en una tienda o pararse a hablar con una desconocida, como si la conociera, si siente que alguien puede querer interceptarla.

Y también ha aprendido a identificar la paranoia y ha visto que lo que antes le parecían cinco motos cabalgadas por hombres amenazantes vestidos de negro, igual son, en realidad, *scooters* de adolescentes esmirriados. "He entendido que, aunque me lo pareciera, no siempre iban a por mí", reconoce. Por eso, desde que volvió de Barcelona, ha empezado a caminar sola —sin escolta—, porque ahora se ve lo suficientemente valiente como para dar marcha atrás si ve algo fuera de lo común. De momento, le ha funcionado. "De las cincuenta veces que he salido, solo me he regresado una. Y tenía razón: empezó una balacera. Estaban esperando a otros, no a mí, pero tenía razón", dice, presumiendo de haber recuperado ese instinto afilado que debe mantenerla con vida.

# VI. CUANDO LAS AMENAZAS LLEGAN DE TODOS LADOS

La mayoría de periodistas conocemos esa sensación, ese tembleque que te hace flaquear las rodillas antes de darle al botón que hará que una noticia, reportaje o crónica se publique. Se dice aquello de que el periodismo es contar algo que alguien no quiere que se sepa y, normalmente, ese *alguien* acostumbra a ser poderoso. Puede ser un partido político, una empresa o algún grupo de dudosa legalidad. Todas las personas que nos dedicamos a este oficio hemos dudado en alguna ocasión y hemos puesto todas las opciones sobre la balanza. Publicar o no publicar, esa es siempre la cuestión. Las que ejercemos en Barcelona solemos tener como máxima preocupación que nos caiga una reprimenda de nuestros jefes o que nos castiguen relegándonos a otra sección o tarea. Lo peor que nos puede pasar es que nos caiga alguna demanda por difamación y perderla. A alguno, incluso, enfadar a quien no tocaba —que normalmente es quien financia el medio— le ha valido un despido. Pero en México, el precio a pagar puede llegar a ser la vida. En los últimos 25 años, y a falta de que acabe 2025, han sido 193 los periodistas[16] que han sido asesinados por contar lo que alguien no quería que se supiera. Si se ven las gráficas anuales, son como una montaña rusa

---

16. Cifra con fecha 1 de mayo de 2025.

que llega a un pico de homicidios para después bajar, aunque nunca a cero. Y así sucesivamente. Los asesinatos van por oleadas, como recordatorios periódicos y constantes de lo que sucede si te sales del carril. Y esas muertes no entienden de colores políticos ni de crisis económicas. En el último cuarto de siglo, los números nos hablan de las guerras entre cárteles, pero no hay variaciones aparentes según quién gobernase. Tampoco cuando gobernó una alternativa socialdemócrata al PRI por primera vez en casi un siglo.

Andrés Manuel López Obrador (AMLO) llegó a la presidencia en 2018 con las promesas de reducir la pobreza, acabar con la corrupción y sacar al ejército de las calles. Le siguió, después de las elecciones de 2024, la primera mujer presidenta: Claudia Sheinbaum, de su mismo partido. Efectivamente, ha disminuido la miseria gracias a cierta redistribución de la riqueza, lo que le ha valido a su formación unas cifras de apoyo inéditas y que todavía hoy se mantienen, pero no ha solucionado los grandes problemas de México, tales como el imperio de la violencia, el cacicazgo, la impunidad o los feminicidios. La ciudadanía y los movimientos recibieron el cambio con ilusión y tenían la esperanza de que el nuevo gobierno pondría fin a esa lacra. Confiaban en AMLO. Tanto que el día de las elecciones centenares de personas se concentraron frente a la sede de su partido, MORENA, para celebrar la victoria y contar, a voz en grito, desde 1 hasta 43, rogando a su nuevo presidente que hiciera justicia por cada uno de los 43 estudiantes desaparecidos de Ayotzinapa, que ya se habían convertido en referentes de la lucha contra la lacra de las desapariciones forzadas. Pero años después, las familias solo han recogido decepciones. Se hicieron avances, pero no los suficientes.

Pese a que su eslogan de campaña eran *Abrazos, no balazos,* para acabar con la mal llamada guerra contra el narco, AMLO le entregó a las fuerzas armadas más tareas de seguridad pública y, además, muchas otras que antes estaban bajo la esfera civil, como la construcción de infraestructura y la administración de empresas paraestatales, como las que administrarán trenes, líneas aéreas y agencias aduaneras. Ahora hay más ejército en las calles y los homicidios no han descendido.

Las y los periodistas tampoco han visto mejorar sus condiciones de seguridad. De hecho, durante su mandato no solo no bajaron las cifras de personas asesinadas, sino que se alcanzó un récord nunca visto de 13 homicidios solo en 2022. Además, el expresidente López Obrador tenía una narrativa que cuestionaba a los medios y a los periodistas que en algún momento le hicieron una guerra sucia. Todo este contexto alentó a políticos locales, fueran o no del mismo partido, a maltratar públicamente y en privado a los periodistas.

Esta fue la experiencia que han vivido algunas de las reporteras acogidas como la veracruzana Gabriela Rasgado. Un día, durante una de las mañaneras, esas ruedas de prensa diarias que solían durar más de tres horas, se hartó: durante el turno de preguntas se levantó y denunció frente al presidente las amenazas que estaba recibiendo por realizar su trabajo. Él le respondió, simplemente, que ese tipo de cosas «ya no pasan» en el estado de Veracruz, en manos de su mismo partido. "El gobierno de López Obrador ha satanizado la labor de los periodistas, en este afán que tiene de definir quiénes son los neoliberales que están con el régimen anterior y quiénes están con él. Además de cuidar de tu vida y de protegerte como periodista del crimen organizado, también debes protegerte de los políticos. En el estado de Veracruz es habitual oír al propio gobernador o al secretario de Gobierno decir: Si ustedes están en tal grupo [de comunicación], entonces están en contra del avance del gobierno del estado", señala Gabriela cada vez que le ponen un micro delante. Esa visión es compartida por gran parte de los profesionales de la información, pero se sorprendió de que, a este lado del océano, mucha gente la cuestionase. "Desde mi experiencia, (en Europa) se cree que el actual presidente de México sería incapaz de hacer o solapar lo que se nos hace, pero yo viví eso de manera personal. Y era frustrante que a quienes le dabas tus testimonios dudaran de que ello estuviera ocurriendo".

Gabriela llegó a Barcelona en 2021 desde el puerto petrolero de Coatzacoalcos. De formación abogada, se especializó en la fuente judicial, aunque le entra a lo que le pidan; es de esas periodistas que tienen el instinto y siempre piensan en convertir lo que tienen delante en un reportaje. Por eso mismo, estando aquí, no dejó de escribir. Una de las piezas que publicó fue un reportaje en la revista española *La Marea*[17] sobre cómo los vínculos entre el poder político

---

17. El reportaje *México: elecciones a sangre y plomo* fue publicado en el dosier especial *México lindo y doloroso,* elaborado conjuntamente entre *La Marea* y la Taula per Mèxic en septiembre de 2021 https://es.scribd.com/document/526483497/Mexico-lindo-y-doloroso

y el crimen habían convertido las elecciones federales del 6 de junio de 2021 —en las que ganó AMLO— en un fuego cruzado en todo el país, pero particularmente en Veracruz. Son muchos los que han aprovechado su estancia en tierras europeas no solo para dar entrevistas, sino para publicar en medios catalanes o españoles. De esta manera generaban redes para lo que se pudiera venir. Para la periodista guerrerense Yanely Fuentes esas conexiones fueron «muy lindas». Tanto, que acabó entablando una estrecha amistad con una periodista de Ràdio Mataró, a quien conoció en una actividad con el Colegio de Periodistas de Catalunya y que se ofreció a replicar en su emisora las transmisiones que Yanely considerara de su radio comunitaria. Tejieron una relación más allá de lo profesional: unos días antes de que Yanely volviese a México, la periodista catalana viajó los 40 kilómetros que hay entre su emisora y Barcelona para despedirse de ella.

Estos vínculos son importantes, ya que tener a un colega periodista en la otra punta del mundo siempre puede ser útil. Sobre todo, si necesitas que alguna vez te preste su cabecera para publicar una investigación, ya sea para aumentar su alcance o bien para reducir el impacto de desvelar una información que alguien quiera que se mantenga en la sombra. Y eso fue lo que hicieron, por ejemplo, Andrés Domínguez, que publicó en el semanario *La Directa*[18] sobre cómo el aguacate mexicano, que está tan de moda en los desayunos más

18. El reportaje *La cara menys brillant del nou or verd mexicà* fue publicado en *La Directa* en febrero de 2025 https://directa.cat/la-cara-menys-brillant-del-nou-or-verd-mexica/

*trendy* de Barcelona, amenaza la sustentabilidad y expulsa a la población local en Michoacán. También Rodolfo Montes pasó por el programa de radio más escuchado en Catalunya, El món a RAC1,[19] para hablar sobre cómo el fentanilo podría llegar hasta España y sobre los grupos del narcotráfico mexicano que ya están blanqueando dinero en el país.

Los periodistas mexicanos saben bien que colaborar es clave para la supervivencia y hay pocos casos que lo ilustren mejor que el de Teresa Montaño. Esta mujer ejerce de periodista desde hace 30 años en el Estado de México, el principal bastión del PRI, el partido que gobernó durante 71 años México. La mayor parte de su trabajo se ha centrado en documentar abusos y excesos del poder público, fraudes electorales, violencia de género y los entramados de corrupción de las élites políticas. Impulsó los primeros proyectos periodísticos en materia de transparencia y rendición de cuentas en el Estado de México, fundando en 2017 *The Observer*, un medio digital que verifica el discurso público de las figuras políticas en el Estado de México. Gracias a sus investigaciones, en marzo de 2019 el Congreso del Estado de México desechó por unanimidad el decreto de las «pensiones secretas» y quitó las pensiones vitalicias públicas a cinco ex gobernadores mexiquenses.

En 2021 se puso a investigar contratos públicos del Estado de México, que es el que rodea la capital y, junto a esta, es el pulmón económico del país. Así que tocó fuertes

19. La intervención de Montes en el programa El Món a RAC1 se emitió en junio de 2023 https://www.rac1.cat/el-mon/20230621/110351/rodolfo-montes-expert-narcotrafic-fentanil-addictiu-fulminant.html

intereses. En eso estaba la tarde en que salió del médico y pidió un taxi para volver a casa. Tres hombres armados asaltaron el taxi, le vendaron los ojos y la maniataron. "Ya sabes de qué va esto", le dijeron mientras le apuntaban con una pistola. Obligaron al taxista a llevarlos a su casa y no paraban de preguntarle: "¿Eres periodista? ¿Para qué medio trabajas?". Aunque ella lo negaba rotundamente, no sirvió de nada, ellos ya lo sabían. Cuando llegaron a su domicilio, los secuestradores prohibieron a Tere entrar a su propia casa. Ellos mismos sacaron todo su material de trabajo —ordenador, grabadora, cámara de fotos, tabletas, cuadernos, documentos que archivaba desde hacía varios años—, así como su coche. Tras un suplicio que se prolongó durante varias horas, la periodista fue milagrosamente liberada: "Fue horrible, creía que iban a dispararme. En mi mente le dije adiós a la vida, adiós a mis hijos", contó al diario El País.[20]

Ella también se acogió al Mecanismo de Protección a Periodistas. Le pusieron escoltas. Para proteger su investigación, se puso en contacto con periodistas de la ciudad de México que la enlazaron con redes internacionales. *Forbidden Stories* apadrinó su investigación en su dominio,[21] que funciona como una caja de seguridad virtual donde los periodistas amenazados pueden mantener la información sensible

20. Declaraciones recogidas en el reportaje *Empresas fachada, contratos hinchados y un secuestro: así se destapó una megatrama en el Estado de México por 5.000 millones de pesos* publicado en El País en 2023 por Aïda Delpuech y Mariana Abreu https://elpais.com/mexico/2023-05-31/empresas-fachada-contratos-hinchados-y-un-secuestro-asi-se-destapo-una-red-corrupta-en-el-estado-de-mexico-por-5000-millones-de-pesos.html

21. https://forbiddenstories.org/es/las-empresas-fachada-del-estado-de-mexico/

a salvo y asegurarse de que si les pasa algo alguien seguirá su trabajo. En esta profesión llena de egos, son periodistas de investigación de los lugares más peligrosos quienes nos dan lecciones de solidaridad y trabajo en equipo. En el caso de Teresa, gracias a *Forbidden Stories* se constituyó un consorcio de periodistas que encabezó *The Guardian* y la *OCCRP* (Proyecto de reporteo sobre corrupción y crimen organizado, por sus siglas en inglés) para ayudarla a terminar su trabajo.

Pero mientras hacía aliados internacionales, periodistas locales de su ciudad empezaron a rechazarla y aislarla. No querían que nadie creyera que tenían algo que ver con ella. La sensación de peligro vuelve a las personas muy crueles. Incluso algunos compañeros lanzaron una campaña de desprestigio en su contra. "Cuando te atacan es como si lanzaran una sospecha contra ti. En México hay una larga tradición de revictimización. Yo he padecido el aislamiento, que ha sido muy doloroso, y no he encontrado respaldo de los compañeros, todo lo contrario. Me sacaron de los grupos de *WhatsApp* de trabajo y desde entonces he tenido que lidiar con el rechazo. Tengo un grado de maestría de periodismo y puedo impartir clase, pero no me dan trabajo en las universidades locales porque también están controladas", lamenta.

El ostracismo, sumado a los ataques de pánico derivados del secuestro, le provocaron una gran depresión. Sin poder ejercer el periodismo, se vio en la precariedad absoluta. Durante unas semanas tuvo que vender cafés y tortas en la calle para sobrevivir. Fue durante ese periodo cuando se presentó al Programa en Barcelona. Y en su periodo en la capital catalana pudo empezar a trabajar con el conglomerado internacional de periodistas de investigación. Volvió a México para concluir la investigación, y entre ella y la red revelaron que entre 2018 y 2022 el Estado de México contrató al menos 15 empresas fachada, a través de 40 contratos y por valor de unos 280 millones de euros.[22] Algunos de estos contratos implican a altos representantes políticos y nombres ya vinculados a otros grandes casos de corrupción.

Teresa regresó a México y finalmente pudo publicar su gran investigación, pero tras hacerlo tuvo que volver a irse. Al terminar este libro, y tres años después de su partida, Teresa seguía exiliada.

---

22. Investigación publicada en *The Observer* en mayo de 2023 bajo el titular *Empresas tapa saqueos o el robo del dinero público en Edomex* https://www.theobserver.mx/2023/05/30/empresas-tapa-saqueos-o-el-robo-del-dinero-publico-en-edomex-2/noticias-mex/

**CITAS**

| DIA | HORA | Preguntar por: |
|-----|------|----------------|
| 10 abril | 12:00 | Patricia |
| 16 abril | 12:00 | |
| | | |
| | | |
| | | |

L— El Zapotillo y pri— —— —
los problemas —————— ————
en Guadalajara y su Zona Metropolitana,
quedó ——————— —————— ————
g——— la temporada de lluvias ——
———— lig—————— superior al 100 por
ciento.

"L— l——— el Hom— g—— ———
g—— ——— —— ——— 50 —— ———
——————" — —— ——— ——
A— lu— d— ———— p— p—

# VII. LA CULPA DE QUIEN SOBREVIVE

Hacer periodismo en México es mirar permanentemente al abismo. Y por mucho que la retina se adapte a las variaciones de la luz, esa oscuridad deja huella, afecta. Quienes nos parapetamos detrás de una cámara o de una libreta para tomar notas, tendemos a pensar que solo somos observadores de la realidad, como si no nos afectasen las historias que cubrimos, la gente con la que hablamos, la crudeza que vemos. Pero nos afecta. Hace más de una década, en 2012, un grupo de psicólogos de la Universidad Nacional Autónoma de México ya hizo un estudio[23] que evidenciaba que los periodistas mexicanos que cubrían temas de narcotráfico presentaban indicadores más elevados de estrés postraumático que los corresponsales de guerra de conflictos internacionales. Cuando la guerra te toca en casa, no hay refugio posible. Los conectores neuronales se quedan en guardia constantemente. Vives en un permanente estado de alerta que no se desconecta al bajar del avión o al hacerte un *selfie* delante de la Sagrada Familia.

"En Barcelona la pasé muy muy mal. No por nada del Programa, sino por mí. Todo el tiempo estuve muy depri-

23. Estudio *El estrés postraumático en periodistas mexicanos que cubren noticias de narcotráfico*, publicado en 2012 por Rogelio Florales Morales https://repositorio.unam.mx/contenidos/estres-postraumatico-ept-en-periodistas-mexicanos-que-cubren-noticias-de-narcotrafico-71251?c=B9APYE&d=false&q=*:*&i=1&v=1&t=search_0&as=0

mida. Todo el rato me cuestionaba que la única razón de que yo estuviese ahí es porque mataron a Javier [Valdez]. Y yo no quería estar. O sea, yo preferiría estar en Sinaloa y no en Barcelona, ni en Europa, por muy hermoso y maravilloso que sea, porque la única razón que me tenía ahí era que mataron a Javier. Era un pensamiento recurrente. Me sentía muy culpable por eso, y todo el tiempo que estuve en Barcelona estuve lidiando con la culpa de estar disfrutando algo que yo creía que no me merecía". Así lo explica desde la distancia Míriam Ramírez, la segunda periodista de Sinaloa que alojamos en el Programa, once meses después de que llegase Martín. La reportera más joven de *Ríodoce* cuando asesinaron a su jefe, con 30 años recién inaugurados. Ella creía que vivía un sueño por trabajar en el semanario de investigación de referencia en su Estado, pero la violencia lo convirtió todo en una pesadilla.

Como ya explicamos hace unas páginas, a Javier Valdez[24] lo mataron un par de meses después de que publicase un artículo sobre un capo del Cartel de Sinaloa en una edición del semanario que el cártel compró en su totalidad el mismo día que salió hasta hacerla desaparecer. Pero, al principio, en las redes sociales de Culiacán se especulaba que el decomiso del semanario había sido por publicar un reportaje sobre las propiedades con las que un político local lavaba dinero negro, y que estaba siendo investigado por la policía en Andorra. Míriam Ramírez era la autora. Y en ese momento sintió miedo de hacer periodismo. Trabajar con Javier siempre

---

24. Ver capítulo III.

había sido una de sus más grandes ilusiones, pero su asesinato lo cambió todo y dio paso a una psicosis que se volvió colectiva en toda la ciudad, pero que estrechó el círculo sobre el semanario.

Míriam nos contó cómo brincaban cuando pasaba una moto, o como desconfiaban de los policías que teóricamente les tenían que dar seguridad en la puerta de la redacción. Cualquier ruido la sobresaltaba, el dolor le corroía el tuétano. Se sentía tan observada que alguna vez confundió su sombra con alguien más. Durante más de un año vivió permanentemente en estado de alerta, transubstanciado el escalofrío en impulso, el miedo en vida. En una reunión con Artículo 19, la organización internacional que defiende a los periodistas y contraparte de la Taula, una de sus delegadas en México le habló a Míriam del Programa de refugio de Barcelona. La primera respuesta fue que no le interesaba venir, que no lo veía necesario, que ella no daba el perfil porque nadie la había agredido directamente. Aunque hubiesen matado a su jefe. Aunque cada día cambiara el camino de regreso a casa. Aunque pensara que le iban a disparar en cualquier esquina. Estas reticencias son comunes, independientemente del grado de exposición al riesgo. Nos acostumbramos a todo, el miedo también hace callo, y nos hacemos trampas a nosotras mismas para sobrevivir.

Alma Ríos, periodista de Toluca, en el Estado de México, que rodea el Distrito Federal, no solía explicar a sus padres qué andaba investigando, qué tipo de coberturas realizaba ni hasta dónde llegaba el riesgo al que estaba expuesta. "Se alteran por mí hasta si publico una nota sobre unos baches.

Así que, ¿por qué preocuparles?", se pregunta Alma, que por aquel entonces cubría nota roja. En México la sección nota roja significa no solo que tu jornada laboral se base en ver cadáveres, en el mejor de los casos, baleados, sino enfrentarse al narco, al crimen organizado y a las administraciones y fuerzas de seguridad; agentes que, a menudo, están unidos por un lazo de silencio y complicidad.

Alma sostenía que no estaba tan mal, que no había recibido amenazas. Y quizás era cierto que jamás la golpearon ni la secuestraron, pero sí la obligaron a borrar una noticia y a descolgarla de redes porque descubrió un caso de corrupción que involucraba a un familiar del gobernador. También vivió meses notando cómo la policía fotografiaba la matrícula de su coche cada vez que lo usaba para desplazarse hasta la escena de un crimen a reportear. Y sufría lo indecible porque ese vehículo, de hecho, no era suyo, sino de su hermano. Un escalofrío le recorría el espinazo siempre que le devolvía las llaves y le veía subirse en él, temiendo el día en que les confundieran y atentaran contra ese coche. Y rezaba cada noche para que, si eso sucedía, aquel día su sobrina no fuera de copiloto.

A pesar de todo, Alma se decía que estaba bien. Que no necesitaba descansar. "Cuando me sienta en riesgo, lo solicitaré", pensaba. A pesar de que llevaba meses sin dormir, saciando la ansiedad comiendo y revisando cada movimiento que había hecho durante el día. Ella creía que estaba bien y así se lo hacía saber a los demás. Por eso, cuando Periodistas de a Pie le sugirió que podía ser una buena candidata para trasladarse durante unos meses a Barcelona, no aceptó. "Sentía que no lo merecía, que era quitarle el espacio a alguien que sí necesitaba salir, cuya vida corría peligro", asegura. Y así se lo decía a cualquiera que quisiera escucharla, pero a una madre no se le puede esconder nada. Y la suya tenía la certeza de que algo le ocurría a su hija. "No le tuve que explicar por lo que estaba pasando para que me dijera: *Pues sí, vete*". Ella sabía que su hija necesitaba ayuda para priorizarse, aunque Alma no quisiera verlo.

"Para muchos, parar y descansar es casi elitista. La violencia a la que han sido sometidos y que han normalizado les ha enseñado que no deben hacerlo. ¿Cómo podrían, con la cantidad de trabajo que hay, con la cantidad de altercados, de violencia y de gente sufriendo? ¿Cómo van a dejar de atender a cada persona que lo necesita?", expone Wara Rebollo, responsable del área psicosocial del Programa y terapeuta de los periodistas acogidos. Sostiene que seguir trabajando es lo único que separa a estas personas del colapso emocional y de darse cuenta de que han llegado a un punto de no retorno. "Por eso, cuando se las obliga a parar, aparece la culpa, pero también la frustración y la rabia".

Esos sentimientos negativos han abordado a muchos de los periodistas. Míriam vino a Barcelona a regañadientes, sentía que debía quedarse haciendo periodismo en Sinaloa, que su trabajo era un compromiso con la sociedad, que era necesario, que debía seguir. Ella, como muchos otros, se había convertido en una militante del periodismo, en defensora de derechos; el primero de ellos, la información. Y como ella dice, vino y no quería estar en Barcelona. Es un sentimiento común. Les da mucho coraje tener que dejar su lugar como si ellas y ellos fueran los delincuentes, mientras los verdaderos criminales siguen en la calle o, incluso, en puestos de poder. Por eso, como Míriam, muchos pasan, sobre todo al principio, días enteros acostados, malhumorados. A ella en particular le costaba mucho dormir, tenía insomnio desde el asesinato de Javier, dolencia que se pronunció por el cambio horario, e incluso medicarse. ¿Oyen los muertos lo que de ellos dicen los vivos? ¿Hay una hora o un día, como dice la tradición mexicana, en que nos vengan a visitar? Míriam sentía que sí y que no solo la visitaban, sino que los que ya no estaban, de alguna manera, la juzgaban por seguir viva.

La culpa es un sentimiento viscoso, que te embadurna el entendimiento. Sobre todo la culpa del superviviente. Ese síndrome tan común entre las personas que llegan al Programa. Sienten que han dejado de lado a su gente por venir a Europa a ponerse a salvo. Como si por estar fuera unos meses estuvieran traicionando a los suyos o dejando de ayudarles. O como si, quedándose, honraran más a los compañeros que murieron. "Pero la muerte de alguien no se puede deshacer. Y menos quedándose, poniéndose en riesgo", insiste Wara.

Tras el asesinato de un compañero, la rabia y la impotencia se apodera de los que se quedan, multiplicando hasta lo indecible el sentimiento de responsabilidad, la necesidad de usar el altavoz que es el periodismo para hacer justicia. Para hacerles justicia. Y conseguir que los culpables paguen, que todo el mundo sepa quiénes son y qué son. Y cuando la cólera toma el control, se evaporan las defensas, el cuidado y la precaución. Se convierten en caras visibles, voces que acallar con una gran diana pintada en el pecho. A veces incluso, viviendo vidas que no son las suyas, sino la de los compañeros asesinados.

La diana que tenía Rodolfo Montes era tan grande que hasta salió por la televisión nacional. Era 2021 cuando un disparo a quemarropa asesinó al periodista Fredy López Arévalo, gran amigo suyo. El dolor y la rabia se apoderaron de él: su compadre había sido el 28.º periodista asesinado bajo el mandato de Andrés Manuel López Obrador, el presidente que había prometido que acabaría con la violencia. Así que fue a una de sus mañaneras, las ruedas de prensa que organizaba diariamente y que duraban largas horas. Allí, tomó el micrófono, pero no dijo nada. Cedió la palabra a la periodista y pareja de Fredy, Gaby Gamboa, quien, a través de un audio que le había enviado a Rodolfo, narraba entre lágrimas el asesinato de su compañero de vida. El presidente, la sala en pleno y todos los telespectadores presenciaron aquella escena desgarradora. Esa acción le hizo conocido en toda la profesión y le permitió organizar un Encuentro Nacional de Periodistas al que acudieron más de 300 profesionales. "No dejamos de gritar a voz en cuello ¡Basta! cada vez que sabíamos de otro asesinato en nuestra contra", relata Rodolfo, quien montó marchas y no dudó en realizar acciones diversas a favor de la libertad de prensa. Acciones que no gustaron a quienes pretenden acallar a los periodistas. La diana de este hombre cada día se hacía más grande. Hasta que recibió la llamada del cártel Jalisco Nueva Generación. Conocían a Rodolfo desde hacía años, ya que uno de sus temas predilectos es destapar las redes de narcotráfico en México. Pero durante esos últimos meses estaba haciendo demasiado ruido: no les gustaba lo que hacía y debía parar. "Yo ya había notado que me vigilaban sus hombres, me seguían y me grababan", relata. Eso provocó que extremara las precauciones, llegó a salir de su casa con peluca. También tomaba el metro y, abruptamente, se bajaba en una estación y se subía en un taxi, apenas unas manzanas, para entrar en un edificio y despistar a quien pudiera —o no— estarle siguiendo. "Llegué a dormir en estacionamientos para no llevarlos hasta mi casa", recuerda. La necesidad de dar la cara por aquellos que ya no estaban y de no bajar jamás la voz, para recordar a aquellos a quienes acallaron, hizo que Rodolfo se expusiera demasiado; se convirtió en un blanco perfecto, siempre visible, a tiro. Lo que le pasara a él sería, también, un magnífico castigo ejemplificante para el resto, que sabría qué sucede a quienes no callan ni dejan de señalar con el dedo cuando se les ordena.

"Es difícil reconocer el riesgo cuando domina el coraje y la frustración por la impunidad", reconoce la corresponsal de la revista Proceso en Chihuahua, Patricia Mayorga. Chihuahua ha sido tradicionalmente uno de los estados más violentos de todo México, allí está, por ejemplo, Ciudad Juárez, cuyos índices de feminicidios escandalizaron al mundo a finales de los 90. Su posición fronteriza hace las delicias de los cárteles, que pelean entre ellos por el control de un territorio que abre las puertas al vecino del norte, uno de los mayores consumidores de marihuana, cocaína y heroína del mundo. El punto álgido de esta virulencia se vivió a principios de siglo, cuando México estaba registrando cifras de homicidios y secuestros nunca vistas. El relevo del PRI, hasta entonces el partido único, en manos del también conservador PAN, dejó vacíos de poder y rompió acuerdos tácitos con el narcotráfico. El 1 de diciembre de 2006, Felipe Calderón asumió la presidencia en medio de fuertes acusaciones de fraude, y para mostrarse como figura fuerte, sacó a la calle al ejército a combatir el narcotráfico. De repente, miles de soldados con sueldos bajos y fácilmente corrompibles se pusieron a combatir a cárteles millonarios que ya peleaban entre ellos por el control de las rutas. Fue lo que se mal llamó la guerra contra el narcotráfico, y que expandió la violencia y atomizó a grupos armados por todo el país. Dos décadas después, el balance es desastroso.

En el Estado de Chihuahua, solo en los primeros dos años del operativo, se produjeron unos 8.000 asesinatos a manos del narcotráfico: entre ellos había ajustes de cuentas, por supuesto, pero también se incrementaron los homicidios a civiles y periodistas. El año más mortífero de aquella época fue 2010, durante el cual se duplicaron los asesinatos a comunicadores que se habían registrado años antes. En 2011, cualquier persona con la que hablases, desde el taxista a la vecina de enfrente tenía alguna historia de violencia propia o en segundo grado de consanguinidad. Los periodistas intentaron separarse emocionalmente de aquella espiral y siguieron haciendo uno de los mejores periodismos del país. La tensión creciente, la ansiedad, el estado de hipervigilancia y el miedo constante a ser el siguiente se ocultaban bajo horas y horas de trabajo que no les dejaban pensar en nada más. Se convirtieron en las ranas de la fábula, que no se dan cuenta de que están en una cazuela con agua hirviendo hasta que es demasiado tarde.

El cerco a los periodistas en el estado estalló el 23 de marzo de 2017 cuando mataron a Miroslava Breach. Era la corresponsal en Chihuahua del diario nacional *La Jornada* y había sido directora editorial de *El Norte*, el principal diario estatal. Era un referente del periodismo por sus coberturas incansables sobre corrupción, narcotráfico, violaciones a los derechos humanos y conflictos ambientales. Había sido cronista parlamentaria, pero, como ella decía, pasó de cubrir corrupción política a violencia «cuando la nota política se convirtió en nota roja». También fue la primera reportera en irse a la Sierra Tarahumara a ver cómo el crimen golpeaba a las comunidades indígenas para expandir sus cultivos ilícitos y el control territorial, en los años 90.

Un año antes de su asesinato, ya había ido advirtiendo en diferentes espacios de las amenazas que recibía. Había avisado al gobernador Javier Corral, cuando todavía era el candidato de la oposición. En octubre de 2016, en una reunión del Mecanismo Federal de Protección a Defensores de Derechos Humanos y Periodistas en la ciudad de Chihuahua, a la que acudieron periodistas, defensores que formaban parte del gabinete de transición y enviados de la Secretaría de Gobernación, contó públicamente sus amenazas y quedaron escritas en el acta del encuentro. Pero, a pesar de haber puesto sobre aviso a aquellos que debían protegerla, cinco meses después, el 23 de marzo de 2017, a primera hora de la mañana, cuando salía con su hijo para llevarlo a la escuela en coche, Miroslava Breach Velducea recibió ocho balazos en la cabeza. La asesinaron en la puerta de su casa. Tenía 53 años. Su hijo lo vio todo.

Se nos ponen los pelos de punta al escribirlo. Hay horrores que duelen ya al nombrarlos. Los primeros días que siguieron al asesinato a bocajarro de Miroslava, Patricia Mayorga los recuerda en cámara lenta, «como si estuviera anestesiada». *Miros* —como ella llama a Breach de cariño— y Patricia reporteaban habitualmente juntas, sobre todo las coberturas de fuera de la capital. Cuando trabajas en una zona de conflicto abierto, los egos y la exclusividad de los periodistas dejan paso al trabajo en equipo. A la guerra no se puede ir solo. Ambas recorrían juntas la Sierra para contar, por ejemplo, cómo los grupos criminales imponían candidatos a alcaldes.

En marzo de 2016, las publicaciones de ambas habían tumbado a dos candidatos. Previamente habían destapado la connivencia entre el narco y la administración estatal, llegando a demostrar una trama de corrupción que implicaba al gobernador César Duarte. A partir de ahí, vinieron las amenazas. Cuando mataron a Miroslava, organizaciones civiles de defensores de periodistas y hasta autoridades, le pidieron a Patricia que saliese de Chihuahua y del país. El gobierno de Chihuahua le puso escoltas inmediatamente, pero nada más incómodo para ir a reportear. No fue reconocida como víctima, ni se le dio un trato de testigo protegida. Solo le recomendaban que se fuera.

A las dos semanas, el 6 de abril de 2017, se subió al avión rumbo a la Ciudad de México. Mientras miraba por la ventanilla cómo su ciudad se hacía pequeña, venían a su mente imágenes de su familia y de las personas indígenas de la Sierra Tarahumara con quienes había convivido de manera constante en su reportear durante los últimos 15 años. Sabía que no iba a poder regresar en algún tiempo, y eso dolía.

Estuvo un mes en la Ciudad de México mientras las redes de periodistas que promueven contrapartes de la Taula como Periodistas de a pie y el Comité para la Protección de los Periodistas (CPJ, por sus siglas en inglés) le buscaban un refugio fuera del país. Llegó a Lima el 2 de mayo de 2017. Todo le parecía feo; la ciudad, ajena. Menos de dos semanas después de su partida asesinaron a Javier Valdez en Sinaloa; Paty lo conocía. Sinaloa y Chihuahua comparten la Sierra Madre, donde ambos habían reporteado.

El coraje y la impotencia la consumían. Cada día, cada palabra en las notas que leía, parecía alejarla de la posibilidad de regresar pronto. Se resistió durante varios meses a aceptar Lima como su nuevo hogar. Solo serían tres meses, luego seis, un año. Finalmente, pasó allí más de dos años e hizo de esa ciudad su hogar. La anestesia había pasado y la herida dolía más y tenía que cicatrizar. No había condiciones de seguridad para volver a Chihuahua, así que vino al Programa Barcelona Protege Periodistas de México.

"Vivir un desplazamiento forzado me obligó a escuchar a través del cuerpo, porque durante años muchos de nosotros, los periodistas, no lo escuchamos. La cobertura de las víctimas, de la corrupción, del horror, nos aleja de nosotros mismos. El desplazamiento me puso ante el espejo y me hizo entender mi propio refugio, y es entonces cuando surge la angustia, la tristeza, la incertidumbre, la desesperación, para después lograr la paz y la fuerza. (...) Con ayuda profesional, aprendí a reconocer el miedo. Ahora sé qué se siente, cómo cala. También aprendí a verlo cara a cara, a entenderlo, a abrazarlo y a avanzar, a usarlo como un sensor para retirarme cuando el fuego amenaza con quemar", escribió en una colaboración con el diario catalán ARA,[25] fruto de su estancia aquí.

Barcelona fue un segundo desplazamiento para Paty. En la distancia estaba a salvo de las balas, pero seguían alcanzándola los golpes emocionales. Estando aquí, en febrero de 2020 comenzó el juicio contra los presuntos autores del asesinato de Miroslava. Fue el primer juicio oral por homicidio de una periodista litigado por una fiscalía especializada en Delitos cometidos contra la Libertad de Expresión (FEADLE), creada precisamente para evitar que fiscalías estatales obstaculizaran la investigación por presiones de políticos o funcionarios públicos, como había pasado inicialmente en el caso de Miroslava Breach y tantos otros. Este fiscal fue claro ya en los alegatos de apertura. Señaló que el asesinato ocurrió en un contexto de «narcogobierno en el estado de Chihuahua» y que estuvo relacionado con la publicación de reportajes sobre la infiltración del crimen organizado en la política municipal del estado. El fiscal destacó las investigaciones periodísticas en las que Miroslava reveló cómo un grupo delictivo logró imponer candidatos a puestos públicos en la región de la Sierra Tarahumara. Asimismo, precisó que estos reportajes motivaron el homicidio porque

25. Artículo *De México a Barcelona: una periodista huyendo del narcotráfico*, publicado en el Diari ARA por Patricia Mayorga el 4 de octubre de 2021 https://es.ara.cat/internacional/mexico-barcelona-periodista-huyendo-narcotrafico_130_4138059.html

afectaron a los intereses del grupo criminal. A raíz de dichas investigaciones, el Partido Revolucionario Institucional (PRI) se distanció de las candidaturas impuestas, tal como explicó el fiscal.

México tiene leyes más garantistas que muchos países de su entorno, pero frecuentemente son papel mojado ante la corrupción e impunidad anquilosada en un sistema patriarcal y postcolonial, donde la violencia forma parte de su hecho fundacional. El sistema a cargo de culpar a la víctima, sea una mujer asesinada, un desaparecido o una periodista, empieza a funcionar con el cadáver fresco y no se detiene durante años. "Si no se hubiese expuesto tanto", "pa' que se mete", "jugaba con fuego", "se creyó muy chingona",... señalamientos que no solo se susurran, también se dicen en voz alta o se publican en informes públicos o reportajes periodísticos. Así le pasó también a Miroslava. Tras el asesinato, su *amigo* desde que era candidato de oposición, el gobernador Javier Corral, dijo que Miroslava "le pisaba los callos al mismo demonio", exonerando así a sus asesinos. Sus contrarios políticos iban más allá, difamándola como periodista. Estas campañas de desprestigio apuntaban también a Paty Mayorga. Tres años después, con el juicio, se volvieron a activar.

Paty seguía el litigio desde Barcelona con muchísima atención. Se ponía la radio local por internet, buscaba todas las noticias, leía todo lo que publicaban, hablaba con sus compañeras y fuentes en Chihuahua para saber qué se decía. Y sintió el cañón en su sien de nuevo. Porque la maquinaria de desprestigio aplasta, no importa los años que pasen. Está en los señalamientos, en las palabras de conmiseración, en ese tirarle la culpa a Miroslava de que la asesinaran y la exigencia sutil pero vigente de que Paty se inculpase con ella. "Empezó a haber campañas en contra mía para desacreditar el trabajo que hacíamos. En un medio empezaron a publicar columnas de opinión donde decían que yo había puesto a Miroslava en la cruz para que la mataran. Para defenderme, otros compañeros empezaron a decir si yo dije esto o aquello, y yo estaba en Barcelona con muchísima rabia porque no quería que hablasen de mí, ni por mí. Tampoco quería que me tratasen como pobrecita. Pero todo el mundo habla y ya se hizo una historia respecto de mí, respecto de Miroslava, sin tenerme en cuenta".

Esta campaña ha continuado años después y Paty ha tenido que aprender a poner límites, a decir "yo no soy Miroslava, no me obliguen a vivir una vida que no es mía". Paty esquivó el plomo, pero ha tenido que lidiar con la culpa de sobrevivir. Ocho años después no se ha liberado del todo de esa losa, pero gracias a los diferentes programas y terapias reconoce que "ahora es más fácil entender la culpa, escuchar e identificar el coraje, la ira, la impotencia, la angustia y avanzar con más fuerza".

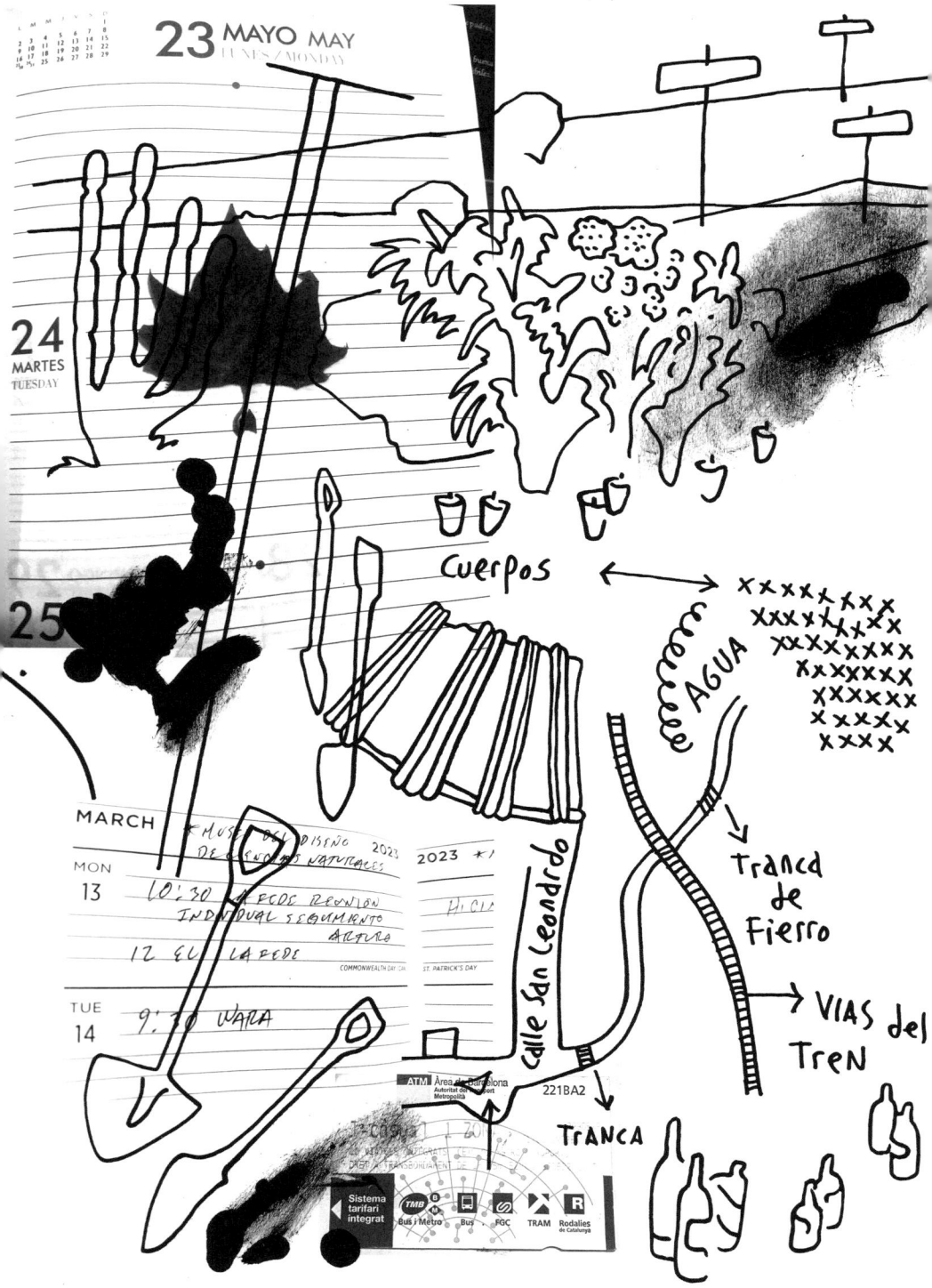

# VIII. UN BÁLSAMO CONTRA EL TRAUMA

Yanely Fuentes trajo a Barcelona una lista de la compra, la última que le había hecho a su madre. Durante las noches más difíciles, cuando el bruxismo la mataba de tanto apretar los dientes, sacaba la lista y la mordía. Para ella, los primeros tres meses fueron horribles. Llegó todavía en shock: dos meses antes había tenido que salir de su pueblo a medianoche mientras miembros de una organización armada que ya la había amenazado y agredido sexualmente estaban fuera de su casa, donde vivía con su familia. Fue la última gota de muchos meses de amenazas y hostigamiento contra ella y los suyos. Yanely trabajaba en *El Diario Alternativo*, donde había estado escribiendo sobre cómo un grupo de la policía comunitaria se había corrompido por el crimen organizado y denunció un entramado de detenciones arbitrarias y corrupción en Guerrero.

Después de las publicaciones, ese grupo entró en el periódico y disparó a un compañero en los pies. Por suerte, ella no estaba. Pero otro día, mientras tomaba algo en un bar, sintió un aliento en la espalda y, al darse la vuelta, los vio. Lanzaron tres disparos al aire con la escopeta demasiado cerca de su nuca. Otro, le arrancaron la blusa delante de todo el mundo para que sacase la grabadora que guardaba en su sujetador. "Nos están matando. Yo tenía 28 años y andaba perseguida y sin dormir. Ya no podía más con aquello", explica. Estaba amenazada, aterrada y, además, a la intemperie después de que su periódico la dejara en la estacada: "Me dijeron que así era la vida del periodista, que ya una debería saberlo". Y su familia tampoco podía sostener más la situación: "Me pedían que me fuera, que ya no les visitara. Me mandaron estar sola. ¿Qué me quedaba allá?", se pregunta. La respuesta que se dio fue la que la trajo a Barcelona en 2019.

Yanely necesitaba salir de México cuanto antes, pero el mero hecho de alejarse de la amenaza no fue suficiente. A muchos otros les ha pasado como a ella y, a pesar de estar a miles de kilómetros de distancia de sus agresores, el temor no cesa. Eso es culpa del estrés postraumático, una lacra que ocasiona insomnio o pesadillas, depresión, ira, desgana y una predisposición a las adicciones. Y paranoia. "Uno trae el chip del miedo todo el tiempo. No me daba cuenta de lo atrofiado que tenía mi sistema de alertas de riesgo: era ver dos personas discutiendo en un café y me alteraba", explica Carlos Manuel Juárez. La amenaza, para este periodista, acechaba en todos lados, aunque ya no estuviera en su Tamaulipas natal y se hubiera desplazado hasta el corazón del barrio del Born, donde el Programa tenía el piso de acogida en 2018. Cualquier ruido le sacaba un respingo, comprobaba las puertas y ventanas de ese apartamento en el que vivía solo y únicamente salía para lo imprescindible. La ciudad le abrumaba tantísimo que su mente, a veces, desconectaba. Le pasó una vez en el metro, yendo camino a una entrevista con un periodista local. El trayecto era sencillo: una sola parada desde Jaume I hasta Urquinaona y, de ahí, tomar el transbordo hacia la L1 que le dejaría en su destino, la Plaça Universitat.

Pero «todo empezó a ir demasiado deprisa». A medida que el tren tomaba velocidad, las vistas desde la ventana se emborronaron y cada vez oía más fuerte el murmullo del gentío, las voces que anunciaban las paradas por megafonía y los pitidos que avisan de que se cierran las puertas. La gente le pasaba por el lado, apresurada, sin mirarle. Todo iba más deprisa. Y más deprisa. Y, de repente, él se paró. "Me perdí, estaba totalmente desubicado. Mi mente avanzaba, pero no la podía detener. Cada vez se hacía más y más tarde, y Arturo me escribía para preguntarme dónde estaba. Y yo me sentía incapaz de decirle que me había perdido. Mi mente me decía: No puedes decir eso, tienes que decir que ya vas a llegar, y así lo hice. Pero acabé llegando una hora y media tarde".

Hoy, casi diez años después de esa mañana, este sigue siendo el peor recuerdo de Carlos Manuel en Barcelona. Tras ese incidente, pidió que lo acompañaran siempre que tuviera que ir a algún lado: el miedo a la calle se acrecentó y le tuvo prácticamente encerrado durante un tercio de su estancia. Pero, un día, empezó a salir. Perseguía un objetivo: llegar a la playa de la Barceloneta. Él venía de Tamaulipas, un estado que hace frontera con Estados Unidos y cuyas costas están bañadas por las aguas del Golfo de México. Y quería volver a ver el mar; solo estaba a un kilómetro y medio, lo había mirado en Google Maps. Pero era incapaz de hacer frente a esa distancia del tirón. Lo había intentado varias veces y siempre acababa regresando a casa. Hasta que un día cambió de estrategia; se calzó las bambas y salió a correr. "Era la única manera en que me sentía seguro en la calle", recuerda.

Poco a poco, cada día un poco más. Y un día llegó a la Barceloneta. Pero no se detuvo, fue siguiendo el mar hacia el sur y recorrió toda la playa hasta llegar al final del muelle, a los pies del hotel que aparece como una vela de barco en el skyline de la ciudad. "Aquel día corrí y corrí. Eran las 11 de la mañana y el sol estaba horrible, seguro no era buena idea correr así, pero me dije que no podía parar, que era el momento. Y ese fue el día en que sentí que había aterrizado, por fin, en Barcelona".

Caminar y poder disfrutar del espacio público ha sido una gran terapia para muchas de las personas acogidas. Muchos tenían como objetivo final el mar, que tiene ese qué se yo que embelesa y cautiva, a la vez que calma los nervios. Partían del tráfico ruidoso del Eixample y pasaban por las ajetreadas calles del Raval, donde el trajín de los comercios y los turistas se asemeja al de un tianguis mexicano y, por fin, después de la marabunta, llegaban a Drassanes, donde el horizonte se abre con olor a salitre. "Es un gran cambio, pues. En México estás todo el día mirando por las calles y las esquinas. Y, en cambio, en Barcelona la gente va tan tranquila que al principio asusta". Así recuerda sus primeros paseos el periodista Luis Daniel Nava. "¡Vaya si se asustó!", exclama hoy Alba, una de las votanas de la Taula. Ella acompañó a Luis Daniel y Jacob Morales, los periodistas que llegaron en la tercera convocatoria del Programa, y un día los llevó a Hostalets de Pierola, un pueblecito de poco más de 3.000 habitantes y calles empedradas donde estaba el museo en el que trabajaba como arqueóloga. Era ya bien entrada la tarde y el despiadado sol de julio empezaba a dar algo de tregua, así que el pueblo entero salió a la calle a respirar. Los adultos se sentaron en las terrazas de los bares o en bancos alejados, aprovechando la sombra, mientras decenas de niños correteaban por la plaza, algunos incluso descalzos, empapados de sudor o del agua que se lanzaban con pistolas y globos llenados en la fuente. Ellos jugaban despreocupados, pero los dos periodistas se alteraron. "¡Imposible, imposible! ¿Dónde están sus padres?". Estas eran las palabras que repetía Luis Daniel, provocando la carcajada de Alba. "Aquello era un desmadre de críos por todos lados en un pueblo tranquilísimo, pero ellos se asustaron. No estaban acostumbrados a que la gente se lo pasara bien en la calle. Y menos que fueran niños", recuerda la votana. Les costó un poco, pero al final se habituaron a la escena como se acostumbran los ojos a la luz después de pasar una época en oscuridad. "Tenías que verles la cara, cómo disfrutaron viendo a esos niños correr".

Luis Daniel y Jacob vinieron de Guerrero, una zona en un estado de violencia y sitio policial sin precedentes. Han vivido en sus carnes violencia, amenazas, robos, intimidaciones y agresiones tras informar sobre casos de corrupción y mala praxis en el seno de las fuerzas de seguridad y los poderes públicos. Salieron del trajín de este estado convulso el verano de 2018 y vinieron a aterrizar a una Barcelona adormilada por las altas temperaturas y por la falta de vecinos, que ya empezaban a llenar sus maletas para, quizás, irse de vacaciones a la costa mexicana. Ambos, pero sobre todo Luis, eran de los que traían el semblante serio, fruncido y siempre alerta, desconfiados. Su primera noche en Barcelona se la pasó mirándonos de reojo; el plan era unirse a un grupo de unas veinte personas, las que todavía estábamos en la ciudad a pesar de las fechas, para tomar unas cañas y culminar la velada en las fiestas mayores del barrio del Poble Sec.

En verano, muchos barrios de Barcelona celebran sus fiestas como si fuesen municipios autónomos. El Poble Sec, una zona a caballo entre la montaña de Montjuic y el arrabal de la ciudad, entre el puerto y el centro, lleno de plazas y cuestas entre las que creció el trovador Joan Manuel Serrat y cuyos teatros eran un respiro en la cerrazón de la dictadura franquista, es ahora uno de los barrios más cosmopolitas de la ciudad, aunque todavía se resiste a perder del todo su carácter canalla. Por eso, sus fiestas congregan a miles de personas. Para él y para Jacob, que venían de un estado en el que la mayoría de ciudades sufre toque de queda nocturno y cuyas calles son tomadas por el narco y el crimen organizado a la que cae el sol, aquella juerga estival fue toda una revelación. Al principio, reinaba el asombro y el desconcierto. Les delataban las miradas de reojo por encima del hombro, un movimiento reflejo de quien constantemente comprueba que no le siguen. También se notaba la desconfianza hacia ese puñado de desconocidos que querían llevarlos a quién sabe dónde en plena noche. Pero finalmente, a medida que el reloj avanzaba, sus músculos se relajaron y en su rostro se pudieron ver las primeras sonrisas sinceras. Aquella noche bailaron, se soltaron y dejaron de guardarse las espaldas.

Hay quien vive procesos relativamente largos de adaptación. Otros, como Luis Daniel o Jacob, en cambio, empiezan a sentir que la losa se les separa del pecho a la que ponen un pie en los adoquines de la capital catalana. El contraste entre

Barcelona y una ciudad controlada por el ejército y el narco, donde las tanquetas y las ametralladoras son parte del paisaje urbano, puede ser muy drástico. Natividad Ambrocio, que también viene de Guerrero, comparte la misma sensación que sus paisanos. "Es que en México vives con la psicosis de que te están siguiendo, de que te van a asaltar o que te va a pasar algo. Pero en Barcelona yo me quedé enamorada de sus calles, esa belleza, esa tranquilidad. Ese cambio de ambiente me ayudó mucho y me dio una paz que yo no tenía en México. Era como estar en otro mundo", dice.

A Natividad Ambrocio, a la violencia se le suma la precariedad de no estar en plantilla que la obliga a compaginar sus servicios para diferentes medios locales, estatales y nacionales con su trabajo de maestra en una escuela primaria. También se ocupa de cuidar de su padre, que ya está mayor y vive con ella. Con tanta carga encima, ya antes de llegar a Barcelona era bien consciente de los problemas que la acechaban y tenía ganas de tratarlos, de arreglar, por fin, el insomnio, el estrés y la paranoia. Tan dispuesta estaba que, incluso, había empezado a ir a terapia ya en México, algo que casi ninguno de los periodistas acogidos había hecho. "La mayoría se asusta cuando se les plantea ir al psicólogo, ya sea porque no quieren reconocer que están mal o porque no se sienten preparados para hacer frente a lo que les duele", reflexiona Wara Revollo, la psicóloga del Programa. Natividad sí había dado el paso, pero lo que se encontró cuando conoció a Wara le descolocó. "Mi terapia era muy diferente. No me habían dado jamás un abrazo ni me habían hablado con ese cariño", reconoce.

Y es que tratar el estrés postraumático que sufren los periodistas que han estado expuestos sistemáticamente a la violencia es algo que requiere de un acompañamiento especial que no todos los profesionales de la psicología están preparados para proporcionar. Sobre todo si sus pacientes no solo no saben, sino que niegan padecer este síndrome. Por eso, siempre tuvimos claro que necesitábamos psicólogas especializadas en estas casuísticas que estuvieran presentes durante todo el proceso. Antes de venir a Barcelona, las personas acogidas empiezan a prepararse de la mano de la entidad mexicana Aluna, dirigida por Clemencia Correa y especializada en la violencia sociopolítica que sufren los defensores y los periodistas. Es también el equipo que les atiende una vez regresan a sus hogares y con quien trabajan un aterrizaje, a veces forzoso, en un lugar que representa a la vez la calidez del hogar y la hostilidad de un campo de batalla. El trabajo de Aluna pone las bases y remata el grueso de la terapia, que es la que se hace en Barcelona. Durante nuestros primeros años, esta se hizo de la mano del Centro Exil, una entidad especializada en víctimas de vulneraciones de derechos humanos. Paralelamente, teníamos referentes psicosociales voluntarios que hacían terapias puntuales y ejercían de puente entre Exil y el resto de miembros del Programa. Sergi Sendra y Eulalia Padró fueron los primeros. Pero, con el paso de los años, vimos que las situaciones de crisis no se dan solo durante la terapia. Es más: sobre todo se dan fuera de ella. Por eso, comprendimos que lo mejor era conseguir una psicóloga que formara parte del equipo, que tuviera más disponibilidad y conociera de primera mano todo el contexto de sus pacientes. Y esa persona fue Hilda Wara Revollo, que llegó en 2019.

Esta mujer menuda, de pelo negro y mirada penetrante se ha convertido en el ancla de decenas de personas acogidas. Como si fuera un espejismo surgido en medio del desierto, Wara ha adoptado la forma de lo que los periodistas ansiaban tener: ha sido confidente, pero también amiga. En algunas ocasiones ha hecho de Pepito Grillo y en otras de paño de lágrimas. Ella se ha ido transformando a través de la confianza adquirida sesión tras sesión. Al principio, y cuando todavía pecábamos de falta de experiencia, se nos ocurrió que la terapia se podía dar en el único espacio del que disponíamos: un coworking que teníamos alquilado en el barrio del Poble Sec. Aún recuerdo la cara de Wara cuando vio ese lugar ultramoderno y diáfano, donde las salas de reuniones no tenían paredes, sino cristaleras que daban a mesas alargadas y compartidas por jóvenes con auriculares trabajando, haciendo videollamadas o tomando un café en la cocina americana que había al fondo. Esas no eran las vistas adecuadas para alguien que se desnuda para mostrar sus traumas. La otra opción que teníamos era que la terapia se hiciera en la vivienda de la calle de Villarroel, pero eso, como las cristaleras, tampoco dejaba mucho espacio a la intimidad, teniendo en cuenta que los periodistas acogidos en raras ocasiones han vivido solos. Así que solo había una solución: casa de Wara.

Por aquel entonces, ella vivía en La Floresta, un barrio situado en el corazón del parque natural de Collserola. El camino hacia su casa, dice, ya era parte de la terapia: subir al tren y dejar atrás la ciudad, mientras los bloques de hormigón se van transmutando en verdes árboles. Aquella ubicación de ensueño ya ha quedado atrás y hoy Wara reside en un piso en el corazón de Barcelona, pero es de las suertudas que tiene un pequeño patio ajardinado —o grande, teniendo en cuenta que está en una de las ciudades más densas de Europa— y sigue pudiendo hacer las sesiones al aire libre. Aunque al principio pasar consulta en su casa no era plato de gusto para ella, ahora reconoce que le gusta la «intimidad» que da su hogar. Y no solo intimidad entendida como privacidad, sino también como la confianza que une a dos personas que no se guardan secretos. A la comodidad generada que permite abrirse y sincerarse. Con ese objetivo en mente, prepara la estancia antes de cada encuentro, asegurándose de que

todo transmita calma. Una vez tocan el timbre, empieza la sesión, siempre en la cocina. Tiene la costumbre de invitar a sus pacientes a preparar un aperitivo o merienda con ella. Así empiezan a charlar, distendidamente, mientras el café borbotea en una italiana o el aroma del té infusionado inunda el ambiente. Recostadas sobre el mármol de la cocina empiezan a desfilar las primeras confesiones y reflexiones. Y, ya con una taza caliente en la mano, se dirigen al sofá, donde la conversación fluye sola.

Ahora bien, para llegar a este punto, a veces hace falta aguardar días. O semanas. "Wara tuvo que esperarme un ratito para que yo pudiera hablar con ella. Me costaba mucho abrirme porque normalicé por muchos años el acoso, el descrédito y la violencia. Y, si hablaba, nadie hacía nada. ¿Para qué iba a contarlo otra vez?", se pregunta Natividad.

Wara la esperó lo necesario y, tarde tras tarde, café tras café, consiguió sentirse cómoda para hablar. "Al final, rompí el silencio y lo que tenía muy encerrado en mí y pudimos tratar con ejercicios lo que me estaba afectando emocionalmente". Se refiere al trabajo corporal y sistémico. La terapia, como recuerda Wara, no solo es dialéctica. El movimiento puede jugar un papel importante a la hora de tratar el insomnio crónico, la depresión o el trauma. Y, si bien el deporte o el yoga pueden ser grandes aliados, no hace falta acabar sudando para activar el sistema nervioso parasimpático, que es el que está relacionado con la calma. Pueden ser ejercicios de respiración desde el suelo, o en una silla. También recurre a ocupar el espacio mientras se habla, para dejar fluir mejor el pensamiento, o a repetir movimientos con un ritmo determinado para entrar en una especie de trance y dejar que la razón se quede a un lado. "Una vez en confianza con Wara, le comenté que me sentía como un conejillo de indias extraído de su entorno común y llevado a un laboratorio, semicontrolado y acompañado". Esto le dijo Enrique Téllez a su psicóloga tras una sesión. Conociéndola, ella seguramente le debió mirar con esa sonrisa desubicada, quizás abriría un poco los labios, pero no diría nada. "Un experimento en el que me siento muy feliz de estar", añadió Enrique, quien asegura que el acompañamiento de la terapia y de las voluntarias le dio "la tranquilidad de poder estar y hacer sin la preocupación de intimidaciones que amenazan con hacerte dejar de ser".

Todos estos años han demostrado la efectividad de la terapia psicosocial tanto a la hora de sanar el pasado y el presente, como para afrontar el futuro con calma y evitar prácticas que generen más riesgos que los que tiene un periodista simplemente por escribir. Por eso, es el único requisito que tienen las personas acogidas en Barcelona: hacer, al menos, una sesión con Wara. Al principio era una condición que desconcertaba a muchos, que se negaban en redondo a abrir tan siquiera un poquito las armaduras que se habían construido. "El espacio psicosocial no es para todos. Puede generar muchas reticencias, sobre todo si nunca has roto el tabú. Muchos vienen, al principio, con el chiste. Pero, si respetas sus tiempos y acabas consiguiendo que estén cómodos, se abren", asegura Wara. Ella no llegó a tratar con Martín, el primer periodista acogido por el Programa, pero la experiencia del sinaloense fue exactamente esa. Cuando

le comunicamos que tenía que ir al psicólogo como parte del plan de apoyo, frunció el ceño expresando que eso de la terapia no iba con él. Fue a la primera sesión obligado, pero después no se saltó ni una sola cita. Carlos Manuel, el segundo acogido, tampoco lo tenía muy claro, pero tras la primera charla en el diván, algo hizo clic. "Me di cuenta de que tenía que ir a terapia, que esa era una de las salidas. Es más: vi por fin que había una salida", recuerda.

Tras semanas de sesiones, este periodista asegura que aprendió a mostrarse vulnerable y a hablar con sus seres queridos. Hace muchos años que vino a Barcelona, pero las enseñanzas que obtuvo aquí se han quedado con él. Tanto, que hoy sigue yendo a terapia. No son pocos los que han buscado a un profesional una vez han regresado, pero todos ellos se reconocen como privilegiados. "Un psicólogo es caro en México", asegura. "Hay gente a la que, cuando le cuento que voy a terapia, no le salen los números teniendo en cuenta lo que se paga la nota aquí". Él, dice, solo se lo puede permitir porque ha encontrado profesionales sensibilizados con la situación de los periodistas y que son «flexibles» con el precio.

Míriam Ramírez también siguió la terapia cuando regresó a México. Decidió que quería buscar una psicóloga mientras todavía estaba en Barcelona, lugar en el que también decidió dejar el periodismo, al menos por un tiempo. Le costó mucho, pero le ofrecieron un trabajo en una organización civil que denuncia la falta de transparencia y la corrupción en el estado de Sinaloa y aceptó. Y en la que el sueldo no tenía nada que ver con el que cobraba como periodista. Ahora que ha dejado atrás ese trabajo y vuelve a ejercer en un periódico, reconoce que gracias a esos años de buen salario y seguro médico pudo salir del pozo. "Pude pagar un tratamiento, pude pagar una terapia, pude pagar unos medicamentos. Y pude dedicarme tiempo a mí para salir del bloqueo, del descontrol mental, porque llegué a un punto en el que no podía manejar un auto del miedo que tenía. Finalmente estuve dos años tomando pastillas para el trastorno de estrés postraumático y hace un par de años me dieron de alta", relata.

Míriam tuvo que poner su vida patas arriba para volver a ordenarla, y Carlos Manuel tuvo la suerte de encontrar profesionales «solidarios» que le permitieron seguir su terapia psicológica. Pero no todos tienen esa opción. Este último no solo es consciente de su privilegio, sino que, además tiene claro lo importante que es el acompañamiento en una profesión como la suya en un lugar como México. Por eso ha hecho lo posible para que los periodistas del medio que dirige, *Elefante Blanco*, no tengan que afrontar el miedo y la paranoia en soledad, como sí hizo él. Así que toma nota en sus propias sesiones y traslada los aprendizajes y técnicas que aprende con su terapeuta a encuentros que mantiene periódicamente con su equipo. Cree que, a falta de profesionales, es importante que los periodistas mexicanos hablen entre ellos, se sinceren y se despojen de lo que les hiere. "Los que cubrimos cuestiones duras queremos estar por encima de la historia y no nos permitimos estar mal. Pensamos que no somos parte de lo que contamos, pero nos afecta tanto que sí lo somos. A veces estamos tan cerca de lo malo que solo vemos la oscuridad. A mí me costó entender que la vulnerabilidad es una manera que tiene mi cabeza de decirme que por ahí no vaya. Y, cuando lo entendí, supe que también podía elegir ser parte de lo luminoso", reflexiona Carlos Manuel.

# IX. AHOGAR LA CULPA

Hacía unos ocho años que ni Majo ni yo hablábamos con Luis Daniel Nava. Compartimos un verano muy intenso, pero desde que nos despedimos después de una comida en casa de Yolanda Nieves, abogada y parte de la Taula, no habíamos vuelto a hablar. Era y es, un hombre de pocas palabras, tímido y comedido; no es de aquellos que te escribe un *WhatsApp* simplemente para saber cómo estás. Y yo tampoco. Así que nuestros caminos no se volvieron a cruzar hasta que le contacté para saber si quería participar en este libro. Le faltó tiempo para decir que sí. Nos encontramos en una videollamada: yo desde mi piso de Barcelona, donde ya era noche cerrada. Él, iluminado por el sol del mediodía en una cafetería de Chilpancingo, la capital del estado de Guerrero. «Qué bueno verte, Sandra», me dice, algo lacónico. Aprovecha nuestro encuentro para almorzar; el menú de hoy es «algo de fruta y vegetales». Nos ponemos al día bastante rápido, porque pienso que quizás tiene prisa, ya que da respuestas parcas mientras se revuelve en su asiento. Pero me acaba dedicando más de una hora y media de su tiempo, así que, pensándolo mejor, seguramente serían solo nervios. Para muchos periodistas que han participado en estas páginas, no ha sido fácil recordar los meses en Barcelona. Bien porque llegaron en un momento personal de shock o bien porque hacerlo es volver a ese momento en que estuvieron bien y se sintieron seguros por primera vez en mucho tiempo.

Luis Daniel no lo dice así, pero se le nota. Lo leo en su tono de voz, sobre todo. Básicamente porque apenas pude verle la cara: quizás la cafetería tenía mala conexión y tuvo —convenientemente o no— que apagar la cámara en más de una ocasión. No voy a mentir, maldije bastantes veces aquella cafetería y su paupérrimo wifi: quería mirarle a los ojos. No solo porque tuviera ganas de reencontrarme con él, sino porque sentía que hay cosas que los hombres como él callan, pero expresan con gestos y miradas. Tampoco me gustó la idea de la cafetería porque, aunque él no sabía de lo que íbamos a hablar, yo sí tenía la lista de preguntas en frente. Y algunas, por no decir todas, eran muy personales y podían despertar recuerdos dolorosos. Quería, también, preguntarle por la terapia, por el miedo y la vulnerabilidad. Y no sabía si él querría hablar de aquello rodeado de los clientes de la cafetería, que comían alegremente en un calurosísimo día de noviembre. Pero, para mi sorpresa, habló sin tapujos. Lo sentí mucho más suelto que cuando le conocí, más comunicativo y sin problema en reconocer miedos, temores y angustias, algo que a muchos hombres suele costarles. Así que me tiré a la piscina y, quizás pecando de abuso de confianza, le pregunté si había seguido yendo a terapia tras su vuelta a México. Pero nada más lejos. Me había equivocado y me lo hizo saber con un tajante: No. "Obvio que necesitaría volver a terapia. O no haberla dejado nunca, más bien. Porque una vez lo probé y vi que es muy útil. Pero para pagar un psicólogo prefiero pagar la renta, los alimentos o mandar dinero a mi familia.

Es un lujo del que carecemos en este gremio", se lamenta. A falta de profesionales, él sigue haciendo las cosas como las ha hecho siempre su generación: "Cuando llega una experiencia traumática, pues uno la atiende con pláticas entre amigos, cerveza, alcohol… Y te la quedas, ¿no? Y se te olvida cuando pasas por otra cosa igual o peor. Es así".

Con estas palabras, Luis Daniel describe una tendencia que comparten muchas personas que padecen síndrome de estrés postraumático: el abuso o consumo problemático para acallar y anestesiar la ansiedad, los pensamientos intrusivos, las reminiscencias y el miedo que se quedan a vivir en la mente de quienes han pasado por episodios de trauma. De hecho, cerca del 25 % de pacientes diagnosticados con este síndrome desarrolla problemas de adicciones al alcohol o las drogas.[26] Esa cifra se incrementa hasta el 75 % en el caso de veteranos o periodistas que han estado expuestos durante un tiempo continuado a los efectos de una guerra. Las adicciones son como una contractura ocasionada por esa mochila pesada que cargan. Hay periodistas que tenían la mesita de noche llena de botellas de alcohol para no pensar. Otros que comían compulsivamente. Y algunas que anestesiaban el ruido constante en sus mentes con marihuana.

La mayoría no lo reconoce en un inicio, sino que es la terapia la que les ayuda a identificar la necesidad de consumir

---

26. Según el estudio *Trastorno de estrés postraumático (TEPT) y trastorno por consumo de alcohol: una revisión crítica de los tratamientos farmacológicos*, publicado en 2018 por Ismene L. Petrakis y Tracy L. Simpson, y disponible en la National Library of Medecine https://pmc-ncbi-nlm-nih-gov.translate.goog/articles/PMC5375032/?_x_tr_sl=en&_x_tr_tl=es&_x_tr_hl=es&_x_tr_pto=sge#R4

—lo que sea— constantemente como un mecanismo de escape que, paradójicamente, se convierte en parte del problema. Pero eso no siempre es fácil. Hay personas que vienen más preparadas para aceptar que tienen un problema. Pero también las hay que niegan que hayan perdido el control. Es un camino largo y difícil que a menudo está regado con culpa, y para recorrerlo es imprescindible la ayuda de terapia y de una red de seguridad que, en el caso de los periodistas desplazados en Barcelona, son las voluntarias. Ellas pasan horas y horas con las personas acogidas y las acompañan, las escuchan y las atienden. Por eso, también son las que antes pueden detectar conductas de riesgo. Muchas han notado que, durante las quedadas, un periodista bebía un poco demasiado y con demasiada ansia. Que siempre que se juntaban, aunque fueran las cinco de la tarde, acababa borracho. También son las que notan si alguien bebe a escondidas o si se muestra reticente a hacer cualquier plan que no acabe en un bar.

Ellas son aliadas imprescindibles para detectar problemas, pero también para solucionarlos. Muchas veces, las personas con estrés postraumático construyen una coraza que, en el caso de los periodistas desplazados, se puede llegar a hacer más gruesa para protegerse del miedo que da estar en una nueva ciudad, con los tuyos a miles de kilómetros. Ahí, a una terapeuta le cuesta entrar más que a una amiga. Y las votanas, en muchos casos, se acaban convirtiendo en amigas y confesoras de los periodistas.

"Recuerdo una persona que no quería salir de casa. No había manera. Y tampoco nos quería a nosotras dentro. Solo alcanzábamos a hablar por *WhatsApp* para saber si estaba bien; nos mandaba fotos, fingiendo que todo iba fantástico, pero al fondo se veían cosas...". Esas «cosas» eran botellas vacías o vasos con la marca de la espuma reseca de una cerveza que se colaban en los *selfies*, delatando un problema con la bebida que había derivado en aislamiento y hostilidad. Así recuerda Josefina Arista, una de las votanas más veteranas, las primeras semanas de una de las periodistas que llegó a Barcelona traumatizada y desubicada. "Al principio fuimos con mucho tiento, porque tenía muchas cosas en la cabeza. Pero llegó un punto en que me puse dura y le dije que tenía que salir". Y así lo hizo. Le picó al timbre y no le preguntó, sino que le anunció que iban a dar un paseo. "De verdad. Me da igual que no tengas ganas y que no quieras hablar. No hace falta que hables conmigo. No lo hagas. Yo voy a ir callada igual, solo voy a estar a tu lado", anunció a través del telefonillo. Y funcionó. Esa persona bajó a la calle y, aunque de morros y de mala gana, fueron a pasear. Solo fueron unas pocas manzanas, pero suficientes para que algo cambiara en su cara. Y, al verla más receptiva, Josefina le propuso ir a tomar un café. Allí sí hablaron. "Empezó a fluir y a fluir. Y me contó toda su historia. Fue uno de los mejores momentos que pasé con aquella persona que, al final de todo, cuando me despedí, me dio las gracias y me dijo: Menos mal que me hiciste salir".

Este caso es la sublimación de un proceso por el que pasan muchas y muchos de ellos. "El cambio da miedo. Y, aunque pueda parecer contradictorio, sentirse seguro también. Porque no tener que preocuparse por su seguridad les deja espacio en la mente para pensar en otras cosas en las que no quieren pensar", explica Wara. Y ese fue exactamente el caso de Jaime Armendáriz.

A él lo que más miedo le daba de estar en Barcelona era que, al parar, tuviera que encararse a sus demonios. "Me daba miedo enfrentarme a mí mismo. Mi vida estaba agonizando. Hoy puedo decirles que lo logré y realicé cambios que me tienen muy estable actualmente", dice un año y medio después de volver. Pero para llegar a ese punto, tuvo que recorrer un largo camino que empezaba en un terreno pantanoso y resbaladizo. Había descuidado su vida personal por completo. Tenía sobrepeso, ansiedad, y momentos de depresión que ahogaba con alcohol. Le cogió el gusto a salir y a cerrar todos los bares en los que ponía el pie. Esa costumbre empezó progresivamente, a medida que fue tomándole el pulso a la ciudad y aprendió qué locales le gustaban. Pero acabó de golpe. Fue una noche en que se disputaba el clásico, el partido entre el Barça y el Real Madrid; Jimy no recuerda quién ganó, pero sí que se encaprichó de una cerveza que tenía «bastante cantidad de alcohol». Cuando la mesa estaba bien llena de botellas vacías, siguió en el apartamento y, junto algunos amigos que le acompañaban, decidieron irse a algún antro a la Plaça Reial, en el corazón del Raval. "Fue mucha fiesta y en un punto yo me quise regresar. Pero no le avisé a nadie. Iba solo y desorientado, no sabía por dónde volver. Y, en esas, llegó un tipo, me forcejeó, me golpeó y me robó el celular. Y se marchó".

Ese fue el «punto de quiebre» para Jimy. Todavía hoy no sabe cómo regresó a casa; quizás el susto le aclaró la mente y su cerebro, acostumbrado a sobrevivir en momentos de necesidad, recordó que conocía perfectamente el camino de regreso a casa. Y puso el piloto automático hasta que llegó a la cama. Se despertó bien entrada la mañana y lo primero que hizo fue llamar a Arturo para informarle y pedir disculpas por haber perdido el teléfono que se les da desde la entidad y ofrecerse a pagar uno nuevo. También llamó a Wara: "He tenido un problema y he tomado algunas decisiones que te quiero contar". Y se fue a terapia. Allí abrió la caja de pandora, en la que vio a sus demonios de cara y entendió que le acompañaban incluso cuando él creía que estaba desconectando y divirtiéndose. "Eso me llevó a repensarme como persona. Empecé con cosas pequeñas y acabé recuperando el hábito de hacer deporte y volver a ser el Jaime que era, no el Jaime que se despersonaliza para pasar otro día más".

Si normalizamos el alcoholismo, darse un atracón es, posiblemente, la compulsión más aceptada en nuestras sociedades. En México la gula de la industria fagocitó la dieta tradicional y llenó los antojos de refrescos y alimentos ultraprocesados. Según la Encuesta Nacional de Salud y Nutrición de 2018,[27] el 75,2 % de la población mexicana sufre de sobrepeso. Las enfermedades derivadas de la obesidad son el principal problema de salud pública. Lo dicen las autoridades mexicanas, quienes han declarado una guerra a la comida chatarra en las escuelas. Quieren cambiar la tendencia, porque una persona mexicana bebe, de media, 160 litros de refresco anuales, mientras la media mundial por persona

27. Encuesta Nacional de Saud y Nutrición, elaborada por el INEGI, la Secretaría de Salud del gobierno mexicano y el Instituto Nacional de Salud Pública https://ensanut.insp.mx/encuestas/ensanut2018/doctos/informes/ensanut_2018_presentacion_resultados.pdf

es de 25 litros. Si a esta práctica le sumas ansiedad y estrés postraumático, la combinación es enfermiza.

"El alcohol y la comida se convierten en vías de escape. Cubren carencias emocionales. Cuando estás muy mal y tienes niveles de ansiedad altos, pues tiras de azúcares o alimentos altos en grasas, procesados o bebidas alcohólicas. Lo que trabajo con ellos y ellas es que sean conscientes de la capacidad que tienen para hacerse cargo de su salud y mejorar la que tienen", explica Iratxe Sesma, dietista y psiconeuroinmunóloga que trabaja codo con codo con Wara para apoyar a las y los periodistas acogidos en materia de salud y nutrición. La psiconeuroinmunología estudia la interacción entre los sistemas nervioso, inmune y endocrino, y cómo estos determinan los procesos psicológicos.

Se trata de un enfoque integral que Iratxe Sesma les ayuda a aplicar a todo su estilo de vida. El trabajo de esta nutricionista va más allá de la alimentación, aborda las causas subyacentes de los problemas de salud. De hecho, fue ella quien identificó, a través de una foto, un herpes zoster que en el hospital habían subestimado y que después llevó al ingreso hospitalario de una de las personas acogidas. Pero más allá de las particularidades individuales, para Iratxe su acompañamiento es exitoso cuando consigue que las personas que vienen se planteen por qué no están siendo capaces de cuidarse, y qué relación tiene el abuso de alcohol o la comida con su salud mental. "A mí me costaba reconocer que era adicta a la comida, pero es que creo que soy más adicta al trabajo", dice ahora Paulina Ríos, que llegó a Barcelona con 62 años, después de la pandemia, con muchos problemas de salud, pese a su gran vitalidad y alegría. Aquí se puso a hacer ejercicio, se quitó el pan, pero sentía que no bajaba de peso lo suficiente. Iratxe le encargó unos análisis de sangre muy específicos donde vieron que tenía intolerancia al gluten, a la lactosa, a la carne roja y al pollo. "He cambiado mucho mi alimentación: he dejado el azúcar, los refrescos. Me voy controlando y estoy menos hinchada por los alimentos. Pero, el estrés, todavía lo tengo, porque pues es bien difícil vivir acá, pero una de las cosas que aprendí con Wara y con Iratxe es a no aguantar lo que ya no quiero. Y ahora ya avisé que estoy a punto de dejar el portal" confiesa Paulina, a quien, a sus 65 años, le cuesta jubilarse. Es ese mismo compromiso con el periodismo la causa.

Las personas con depresión, expuestas a la violencia o quienes sufren estrés postraumático tienen, a menudo, relaciones convulsas con la comida, por abuso, pero también por ausencia. "A mí antes se me olvidaba comer. En las pláticas con Iratxe lo vi. Comía lo que tenía a la mano, lo que se me ocurría. Entonces, aprendí que los nutrientes tienen que ser los adecuados, y que los problemas de salud luego surgen precisamente por esos malos hábitos. Comer no es alimentarse. Eso me sirvió mucho", explicaba Néstor Troncoso durante su estancia.

A Marlene Martínez, Iratxe le cambió la vida. Marlene vino con 32 años totalmente agotada. Además de la carga emocional de cubrir feminicidios y otras vulneraciones terribles a los derechos humanos, el medio independiente para el que trabajaba había pasado muchas estrecheces económicas y tenían que hacer malabares para sobrevivir. A través del seguimiento que le hizo Iratxe, descubrió que tenía hipotiroidismo, una enfermedad de las glándulas tiroides que ralentiza el cuerpo. También aprendió que el estrés es un factor súper desestabilizador para controlar esta condición y qué comer para bajar la inflamación. Marlene escribió muchas de sus recetas en una libreta que se había traído para escribir aquí y que regresó a México llena de billetes de tren, del metro y otros recuerdos. Todavía ahora, cuatro años después, sigue teniendo consultas puntuales con Iratxe en línea.

Natividad Ambrocio también recuerda los ratos que pasó con Iratxe como los mejores momentos de su estancia. Junto a ella aprendió a quitarse cargas emocionales, a cocinar más saludable, a hacer infusiones medicinales y ejercicio; en definitiva, a cuidar su salud emocional y física. Perdió 13 kilos en cinco meses y lo hizo a gusto. Solo llegar al entorno natural donde vivía Iratxe, ya formaba parte de consentirse. Era salir del asfalto para respirar aire puro, relajarse, dejar el tiempo pasar. Iratxe vivió durante muchos años en Can Masdeu, un Centro Social Ocupado en la montaña de Barcelona.

La ciudad se encuentra delimitada por la sierra de Collserola. Una de las entradas a ese pulmón verde es por la glorieta de Karl Marx. Sí, en eso ha quedado el padre del comunismo en Barcelona, para dar nombre a una rotonda más que una plaza, un círculo rodeado por el tráfico, sin árboles ni sombra, la salida hacia un barrio obrero de una de las principales circunvalaciones vehiculares de la ciudad. Para un chilango sería como una caseta gratuita antes de llegar al Desierto de los Leones. De esa glorieta de Karl

Marx sale un camino de tierra que se adentra en un pequeño bosque de encinas y pinos. Un kilómetro y medio después, un edificio imponente nos sorprende. Es una masía del siglo XVII rodeada de bosque y huertos, que desde principios del siglo XX hasta 1960 dio cobijo a enfermas y enfermos de lepra. Con la erradicación de la enfermedad en Europa, el edificio se quedó vacío; y, a inicios de siglo, cuando las protestas contra el neoliberalismo y la globalización hermanaban a Génova con Chiapas o a Seattle con Portoalegre, un grupo de jóvenes activistas okupó la casa y la convirtió en un bastión de la autogestión y un modelo de sustentabilidad a un paso de la ciudad.

A finales de los 90, el movimiento okupa tuvo su era dorada en Barcelona, donde se cruzó con el altermundismo, las protestas antiglobalización, contra la guerra y años después con el 15M. Fue en ese momento cuando se okupó Can Masdeu y, durante años, resistió el desalojo de la policía. Ahora, un cuarto de siglo después, es un semillero también de los movimientos alternativos de la ciudad. Varias personas que participan activamente en la Taula per Mèxic lo frecuentaban, así que el vínculo con Iratxe Sesma, la neuroinmunologa que vivía en Can Masdeu, fue natural.

De sus huertos comunitarios Natividad Ambrocio todavía recuerda la caricia de la naturaleza, el silencio, las prácticas de yoga al sol. Nati perdió peso, pero como dice Iratxe, sobre todo se quitó su carga emocional, el estrés al que estaba sometida en Iguala por la violencia y por sus sobrecargas familiares. "Hacíamos talleres. Hicimos uno de pan y pizzas sin gluten, por ejemplo. Otro día, el taller de plantas medicinales, en el que les hacía una ruta, les explicaba algo del uso medicinal de las plantas que íbamos a ver ese día, hablábamos un poquito de alquimia, de cómo recoger la planta, cómo cultivarla, cómo tener en cuenta las fases de la luna, el sol, todo esto, que también es recuperar un poco la sabiduría ancestral, y eso siempre gusta. Les explicaba que el valor más grande de hacer una pomada o un jarabe no es el producto final, sino salir al campo, caminar, que te dé el sol, la conexión con la naturaleza, conocer el entorno, ¿sabes? Todo eso tiene ya un impacto sobre la salud", explica ahora Iratxe. A Nati le encantaba, y también se reía cuando Iratxe reprendía a Arturo por haberla llevado a comerse un bocadillo de calamares rebozados en unas jornadas en Madrid o porque para cualquier celebración, la misma gente de la Taula brindase con cerveza pese a las alternativas sin alcohol que les compartía Iratxe en los talleres.

Por eso, cuando Iratxe vivía en Can Masdeu, las y los periodistas iban a visitarla hasta allá y solo el salir a la naturaleza y preparar allí recetas con sus propias manos ya les servía para conectarse con su cuerpo. Ahora, que ya no vive ahí, suele comenzar por acompañarlos un día a la plaza, donde hacen una cesta de la compra saludable. Van al Ninot, un mercado de finales de siglo XIX que todavía articula el comercio del barrio donde está el alojamiento del Programa, en la cuadrícula de clase media alta del Eixample Esquerra. Les recuerda constantemente que ahora que tienen tiempo, tirar de precocinados no es una opción. Aunque no tengan idea de por dónde empezar. Porque muchos periodistas se sienten cómodos entre los fogones. Pero otros tantos no. Y se ven por primera vez ante el abismo de vivir solos y sin que nadie les eche una mano para llenar el estómago. Salir y explorar la comida local es una opción, pero tiene sus limitaciones, sobre todo a nivel económico y de disponibilidad. Porque en México, en cada cuadra tienes una taquería, un puesto de tortas o cualquier cosa para matar el hambre, aunque sea pasada la medianoche, pero en Barcelona los horarios no son tan flexibles y los precios son caros. Así que, a diferencia de lo que les sucede en México, la mayoría se ve obligada a comer en casa. Y a guisar aun cuando no saben. "Hay quienes no saben ni hacer un huevo frito", afirma la votana Josefina. Esta mujer menuda pero vigorosa se ríe al recordarse a sí misma como una chef, dando órdenes e instrucciones a varios periodistas a los que tuvo que enseñar a cocinar. Lo hace mientras revisa su teléfono. "Por aquí debo de tener alguno de los vídeos". Se refiere a los que grabó junto a Enrique Téllez, que llegó a Barcelona en 2023. "Nos grabamos haciendo diferentes recetas en base a la lista de la compra que les había recomendado Iratxe. Cocinábamos cosas que después pudiera replicar, tan básicas como un sofrito o una sopa. Y le daba consejos como que tenía que lavar las verduras o cómo pelar las papas", rememora.

Esas tardes en las que Josefina y Enrique jugaron a ser influencers gastronómicos fueron experiencias que crearon un vínculo entre ambos, como tantas otras que comparten las votanas con las personas acogidas. Pero también fueron un paso en su recuperación y en la mejora de su estado mental y emocional. Porque la mayoría de periodistas tenemos unas prácticas alimenticias que distan mucho de lo que recomiendan profesionales como Iratxe. "Durante los meses más duros, en los que sufría insomnio y estaba realmente mal, cansada de la presión y la tensión, dejé de alimentarme bien y de hacer deporte. Subí como 12 kilos en un año. Pero, a la que llegué a Barcelona, mágicamente, me dieron ganas de cuidarme", rememora Alma Ríos. No fue magia, sino una toma de conciencia. "Todos llegan mal a nivel de estrés y salud mental, y ese contexto no deja espacio para el cuidado. Al empezar la terapia aquí ven la importancia de comer mejor, empiezan por la comida y acaban cuidando otras esferas de su vida", resume Iratxe.

Y es que la alimentación abre la puerta a otras costumbres saludables como el deporte. En esta línea, uno de los pilares de la salud integral han sido las clases de yoga. No todo el mundo las ha querido tomar, pero muchos se llevan sorpresas. Néstor Troncoso vino de Tamaulipas con 57 años, después de haber superado un secuestro, y cuando le plantearon hacer clases de yoga, se sorprendió, pero finalmente aceptó como una cuestión de fisioterapia. "Me dije: Me va a ayudar para aliviar este dolor o aquel, pero ahora yo lo recomendaría para todas las personas porque te centra con tu persona, con tu ser. Te hace sentir tu cuerpo. Yo le decía a Marina (la profesora de yoga): Acabo de tomar consciencia de que existen músculos que no tenía consciencia de que existían. Entonces, es mejor que un gimnasio. El yoga es muy adecuado para el tipo de problemas que nosotros traemos. O sea, si yo traigo un estrés postraumático, un estrés agudo, pienso que voy al gimnasio y ahí me desquito y saco todo el estrés que traigo, pero lo saco de manera momentánea.

Y el yoga es otra cosa, te va ubicando, te va relajando, te va ayudando a que tomes consciencia. Entonces, como complemento me parece formidable, como método de salud, de terapia", explica.

Hoy, meses o incluso años después de regresar a México, son muchos quiénes han incorporado esas enseñanzas terapéuticas a su día a día. Y se han llevado un poquito del Mediterráneo a sus hogares, de tal manera que las tortillas ya no son solo de maíz, sino que pueden ser de patatas. Y el pan, con tomate. Mucha gente se llevaría las manos a la cabeza si elevamos el *pa amb tomàquet* a la categoría de plato o receta, pero es uno de los sabores que más añoran muchos de Barcelona. Celia lo dice sin tapujos: "Es de lo más delicioso que probé allá". Ella es una magnífica cocinera que aprendió a guisar de su madre y deleitó a sus compañeras de piso y voluntarias del Programa con elaboraciones dignas de un restaurante. No le temblaba el pulso a la hora de preparar su propio mole y reducía a polvo decenas de especias que podía encontrar en el supermercado. A pesar de que los paladares catalanes no están acostumbrados a la riqueza de los chiles y condimentos mexicanos, Celia conseguía una salsa espectacular. "¿Saben cuál es el ingrediente secreto?", nos dijo una noche. La pregunta acabó siendo retórica, ahogada por su propia risa potente para evitar zanjar la cursilería de añadir el amor a la lista de ingredientes.

Ese mole, que estaba «bien picosito», lo comimos una noche de verano en el piso de la calle de Villarroel. Las ventanas abiertas no dejaban entrar la suficiente brisa como para sofocar el calor, acrecentado por los chiles y por la presencia de ocho personas alrededor de esa mesa de nogal, recubierta con un hule de flores chillonas y en la que, para ir bien, caben unas seis sillas. Pero siempre ha habido hueco para un plato más en esa casa. Así ha sido todas las tardes que nos juntamos a jugar a lotería con unas tarjetitas chiquitas que nadie sabe de dónde han salido. O durante todas las cenas de Nochebuena, Navidad, Noche Vieja o el día de Reyes. A los y las periodistas que les ha tocado pasar las fiestas en Barcelona les ha asaltado siempre, en mayor o menor medida, la nostalgia de estar lejos de los suyos en esos días en los que se ensalza como nunca a la familia y al hecho de regresar a casa. Mientras ellos y ellas se habían alejado de sus hogares. Pero jamás estuvieron solos: durante esos días, el piso siempre era una fiesta que acogía a quienes, por ser migrantes, tienen a sus familias lejos. O a quienes, a pesar de ser nacidos en Catalunya, comparten las fiestas con la familia biológica y la escogida. Y de eso surgen unas Navidades mixtas en las que se cierra el año comiendo uvas, se revienta una piñata y se hace cagar el *tió*, ese tronco con barretina que caga regalos. Y, obviamente, se cena un platillo mexicano, pero siempre después de haber tomado una sopa de *galets* que se prepara en la cocina, bajo la mirada cuestionadora de los periodistas, que observaban perplejos cómo rellenamos conchas de pasta con carne molida para cocerlo todo en un caldo bien denso.

Con todo esto han hecho de la comida ya no un mero hecho de supervivencia, sino un gesto de cuidado hacia el propio cuerpo. "Parece una tontería, pero recordar eso a la hora de hacer la cena igual que allá, me conecta con la sensación de calma que tenía en Barcelona. Y eso me da ganas de seguir escuchando a mi cuerpo y atender cuándo me dice que algo no va bien", asegura Alma, quien aprendió mucho de su compañera de casa, la chef Celia.

Pero no todos los procesos de salud son tan exitosos. Teresa Montaño llegó a Barcelona un año después de ser secuestrada, cuando todavía el shock se psicomatizaba en su cuerpo. Lo peor era un dolor agudo en la zona lumbar. Un día, que no podía más, fue a urgencias del hospital y sin darle un diagnóstico la acostaron en una camilla y le pusieron un suero vía intravenosa. Tere llamó a Josefina, la votana que la acompañaba y que inmediatamente fue para allí. Josefina se asustó cuando la vio tendida. Estuvo acompañándola, también cuando la ingresaron, pero es consciente que en esos momentos de tanta vulnerabilidad no hay votana que valga, necesitas sentir cerca a los tuyos. De hecho, Tere quería regresar a México. Nati también dice que el peor recuerdo de Barcelona para ella fue esa sensación de soledad y desamparo cuando la hospitalizaron un par de días. Mayra Cineros también llegó de Coahuila con problemas de salud, tanto a nivel de shock —también había sido secuestrada— como con una lesión en la pierna resultado de las agresiones recibidas y que empeoró por momentos durante su estancia. Durante unos meses entre 2018 y 2019, el Programa de Acogida alojó a las personas beneficiarias en un piso sin ascensor en el centro histórico donde había que subir y bajar muchas escaleras. Son cosas que fuimos viendo y mejorando con la experiencia, sabiendo que los meses que están con nosotras no van a acabar sanando completamente sus dolencias, pero intentando siempre que el acompañamiento, aunque no pueda ser perfecto, sea como una compresa cálida en la frente en un día de invierno.

# X. NINGUNA NOTA VALE UNA VIDA

En los mundos que una inventa de niña, la pequeña Majo jugaba a que tenía un bar que se llamaba Acapulco. Nadie en mi entorno había estado en México en los 80, así que supongo que lo habría sacado de la tele. Para Hollywood, Acapulco fue durante los 60 y 70 su bahía dorada. Por allá se paseaban Frank Sinatra, Elisabeth Taylor, Elvis Presley o Luis Miguel.

La primera vez que fui allí no quedaba nada de aquella felicidad del celuloide. No podía imaginar que en otros tiempos, fuera el destino de luna de miel de gente como JFK y Jacquie Kennedy. Era septiembre de 2011 y miles de personas, vestidas de blanco, se habían reunido para pedir el fin de la guerra que se llevaba a sus hijos, a sus negocios y a los turistas. Hacía dos semanas que las escuelas públicas estaban cerradas, tras recibir amenazas en contra de los niños. Colgaban cadáveres de los puentes, extorsionaban a los comercios —desde el hotel de lujo hasta el puesto callejero—, desaparecían a sus hijos. Era el segundo día de viaje de la Caravana de la Paz, que encabezó el poeta Javier Sicilia por todo México y ese día los vecinos se atrevieron a marchar para dar la bienvenida al Movimiento y para intentar recuperar sus calles, sus plazas, su malecón. Porque lo que había sido uno de los centros turísticos más importantes del mundo estaba sumido en la barbarie.

Ya el día anterior habíamos parado en otras ciudades del estado y nos había llamado mucho la atención una, Iguala, donde el miedo de la gente ni siquiera les permitió salir a la calle. Vecinas y vecinos se asomaban al paso de la caravana, saludaban e incluso sacaban alguna moneda de su bolsillo para cooperar con la causa. Pero muy pocos llegaron al zócalo para denunciar su caso frente al Palacio Municipal. Iguala y Acapulco son dos ciudades de Guerrero, un estado mexicano que mide el doble que Catalunya y tiene la mitad de su población. Al menos una tercera parte de sus habitantes son indígenas de los pueblos Na'savi, Nahualt, Ñomndaa', Me'phaa y afrodescendientes que se asientan principalmente en las regiones de Costa Chica, Montaña y Centro. Es uno de los tres estados más pobres de México, con ciudades turísticas desarrolladas gracias a la mano de obra barata proveniente de sus regiones agrícolas, allí donde los indicadores de desarrollo son equiparables a los de muchas zonas del África Subsahariana.

Catorce años después de aquella primera visita mía, el estado sigue en guerra. Jacob Morales, uno de los primeros periodistas guerrenses acogidos por el Programa, explicaba cómo en Acapulco un grupo armado puede asaltar una escuela y cortar el cabello a las chicas para venderlo en el mercado negro. Esta situación es todavía más acérrima en la zona de la Montaña, una región indígena de cultivos de maíz sobre cuestas imposibles, casas de adobe y cumbres que atraviesan las nubes. El 87% de sus habitantes vive por debajo del umbral de la pobreza, y 4 de cada 10, por no tener, no tienen ni para comer.[28] En una región escarpada, donde

---

28. Datos extraídos del informe Montaña. Características sociodemográficas, elaborado por INCIDE Social https://inclusioneconomicaguerrero.wordpress.com/caracteristicas-sociodemograficas/

el frío y la lluvia solo permiten una cosecha de maíz al año, la amapola es el único cultivo rentable que conocen. Allí llaman a esta flor «maíz de bola», para equiparla a su grano básico. Mientras un kilo de maíz se vende a 8 pesos, uno de goma de opio, de la que luego salen drogas como la heroína o el fentanilo, se vende a entre 20 y 25 mil pesos (el equivalente a 900 y 1 150 euros), según la calidad del producto y la temporada. Pero en la orografía adversa de La Montaña y ante las redadas policiales, cada campesina, con dificultades, recoge dos o tres kilos al año. Un ingreso mínimo que permite pagar el material escolar, el jabón o el azúcar. Las alternativas a estos cultivos son pocas para el campesinado. Solo la migración —a las ciudades o a EE.UU.— o convertirse en el maestro o la maestra del pueblo.

Esa amapola que se siembra en la sierra se acopia en las ciudades de Iguala —la ciudad con miedo—, Chilpancingo —la capital del estado, gris y polvorienta—, Arcelia —puerta de salida al Estado de México y hacia el Distrito Federal—, o los puertos turísticos de Acapulco y Zihuatanejo. En ese pentágono geográfico, pequeños grupos aliados a los grandes cárteles nacionales controlan, a sangre y fuego, el territorio y se ensañan contra los más débiles. Entre 2005 y 2013, el número de asesinatos se multiplicó hasta por 17. A toda esa violencia y barbarie, el 6 de septiembre de 2014 se sumó la tragedia de los 43 estudiantes de la Escuela Normal Rural de Ayotzinapa, en Iguala. Las escuelas normales rurales son la posibilidad para los estudiantes mexicanos más pobres de convertirse en maestros. Fueron creadas sobre 1930 como internados que aseguran educación, estancia y manutención sin pagar un solo peso. Eso sí, las instalaciones son bastante precarias y los estudiantes —también llamados normalistas— se encargan del mantenimiento. Se levantan de madrugada para cortar el césped, recolectar o hacer el aseo de la escuela antes de ir a clase. También, como buena universidad popular, suelen estar muy politizadas.

Ese 26 de septiembre, los alumnos de la Escuela Normal Rural viajaron a la ciudad más cercana, Iguala, con la intención de apropiarse durante unos días de autobuses para poder trasladarse días después a Ciudad de México, donde participarían en la marcha y otras actividades conmemorativas por la represión estudiantil del 2 de octubre de 1968, la conocida como Masacre de Tlatelolco, en la que murieron al menos 325 jóvenes. El «préstamo forzado» de autobuses es una práctica habitual en los normalistas, que no tienen dinero para pagarse el transporte. Pero aquella noche la policía quiso detenerlos y emprendió una brutal cacería contra los estudiantes por toda la ciudad. Asesinaron a seis jóvenes —tres de ellos no tenían nada que ver con los normalistas—. A uno le arrancaron la piel de la cara. Otros 43 fueron detenidos, aunque nunca se los puso a disposición judicial. Simplemente desaparecieron. ¿Qué detonó tal brutalidad policial? ¿Por qué desaparecieron forzosamente a 43 personas? ¿Dónde están estos jóvenes? Diez años después y, después de tres gobiernos diferentes, todavía no se sabe exactamente qué pasó aquella noche. Solo se han identificado restos óseos de tres de los 43 jóvenes desaparecidos.

Un grupo de expertos independientes de la Comisión Interamericana de Derechos Humanos pasó meses auditando la investigación de la Fiscalía y recopilando testimonios. Su teoría es que los estudiantes habrían tomado accidentalmente un autobús que transportaba goma de opio que debía llegar a Chicago y que habría desatado la persecución de la policía, coludida con los narcotraficantes. "El negocio que se mueve en la ciudad de Iguala podría explicar la reacción extremadamente violenta y el carácter masivo del ataque", establece el informe. El experto español del grupo, Carlos Beristain, explicaba que existe un registro en Estados Unidos sobre el tráfico de heroína entre Iguala y Chicago a través de autobuses y que esta hipótesis cobra fuerza con las evidencias circunstanciales que se obtuvieron.

Al día siguiente de la desaparición masiva, ni los periódicos nacionales ni los informativos matutinos contaron los hechos. En Iguala solo hay un puñado de periodistas locales y la noticia tardó en llegar a los medios de la capital. El primer ataque armado fue el 26 de septiembre sobre las 21.30 horas. Ahí se detonó una cacería horrible. Los estudiantes avisaron a sus redes y pronto llegaron maestros y otros activistas. A medianoche convocaron una rueda de prensa. Bajo la lluvia, en una esquina, junto a los cinco autobuses tomados, se juntaban un centenar de personas.

Natividad Ambrocio fue la única mujer periodista que acudió al llamado de los normalistas. Ejerce en Iguala y le llegó un aviso urgente de los maestros. Como ella, Alejandro Guerrero, su hermano y un puñado de periodistas más estaban en semicírculo delante de los chavales que hablaban y les decían que la policía les había disparado y había detenido a muchos compañeros. De repente, empiezan a llegar balas. Hombres armados —ya no son policías—, disparan al grueso de gente que había allí. A matar. La gente corre. Natividad se queda parada en shock. Un estudiante la tira al suelo para protegerla de las balas. "Escóndase detrás del autobús". Nati reacciona y, en la confusión, pierde las sandalias. Alejandro Guerrero, su hermano y dos maestros se escondieron entre unos coches hasta que pararon los disparos. Entonces, salieron y fueron a buscar a la pareja de su hermano, que estaba de siete meses de embarazo y les esperaba en el coche. A pocos metros de la rueda de prensa vieron los cuerpos de dos jóvenes, Julio Cesar Ramírez (23 años) y Daniel Solís (18 años), muertos en el tiroteo.

"En ningún momento vino ninguna autoridad, ni Fiscalía, ni Ministerio Público, ni policía, nunca se hizo resguardo del lugar de los hechos como suele ocurrir. Había una escena del crimen, había decenas de casquillos de bala, pero nunca hubo revisión alguna del espacio. Quizá la orden era dejar que ocurriera algo peor. Y esto habla del nivel de impunidad que había, del control que tenía Guerreros Unidos, el grupo que operaba en Iguala en ese momento", explicó Alejandro Guerrero en una entrevista para el diario *El Salto* desde Barcelona.[29]

Su cuñada por suerte estaba sana, a pesar de que su coche había recibido varios impactos de bala. Tanto para Alejandro Guerrero como para Nati Ambrocio, ambos originarios y

29. Entrevista a Alejandro Guerrero para el diario *El Salto*, publicada el 26 de septiembre de 2023 por Berta Camprubí. https://www.elsaltodiario.com/mexico/alejandro-guerrero-nueve-anos-despues-no-hay-verdad-justicia-caso-43-ayotzinapa

vecinos de Iguala, ese día fue un punto de inflexión en su vida y su carrera. Aquellas balas habían generado un vínculo muy estrecho entre periodistas y normalistas. Ambos se convirtieron en los comunicadores que más de cerca han cubierto la lucha de los normalistas y sus familias por la justicia. Han recibido amenazas por parte de la familia del alcalde, José Luis Abarca, preso unos días después de la represión a los normalistas.

A Alejandro incluso lo intentaron matar un tiempo después por ser testigo de los hechos y seguir cubriéndolos para el periódico *El Sur de Guerrero*, el más prestigioso del estado. "Desde que ocurrió esto hubo una especie de eliminación de testigos. El mismo Gobierno hizo una lista de testigos (publicada por el grupo de expertos de investigación años después) que el mismo grupo criminal borró, mató". En esa lista había excomandantes de la policía, miembros del grupo criminal e incluso un periodista que fue asesinado, personas que eran clave para esclarecer los hechos. "En el 2017 sufrí un atentado: iba en moto cuando un coche me embistió en un parking que era propiedad del entonces alcalde municipal. Quedé inconsciente con heridas serias, fracturas, estuve hospitalizado. Poco después, mi hermano fue interceptado por un grupo armado, lo subieron a una furgoneta, le pusieron una capucha y lo llevaron a un cerro donde le interrogaron sobre personas que habían estado esa noche en el lugar de los hechos, lo golpearon y lo amenazaron con enterrarle en una fosa, pero afortunadamente después lo dejaron libre. A partir de ahí fuimos incorporados al Mecanismo de Protección a Periodistas y nos desplazamos a otra zona del país, pero no dejamos de recibir amenazas vía *WhatsApp* y *Messenger*", contó Alejandro Guerrero.

La historia de Nati Ambrocio es parecida. La intimidan hasta en el mercado. "Recibí amenazas del hermano del alcalde José Luis Abarca, y acoso continuado por parte de su sobrina. Yo hice la denuncia ante la Fiscalía, pero ya no le doy continuidad porque como ellos viven aquí en Iguala y siguen teniendo mucho poder económico, pues no es tan fácil estar en la misma ciudad, porque obviamente ellos siguen operando, siguen teniendo vínculos criminales y vínculos con políticos; pero cada año, cada aniversario, señalo que no se ha hecho justicia, que a pesar de que él esté en la cárcel, no está en la cárcel por la desaparición forzada, sino por el asesinato de un dirigente campesino y por tener vínculos con la delincuencia organizada".

El 26 de septiembre está marcado en el calendario para los periodistas que cubrieron la desaparición forzada de Ayotzinapa, que esquivaron las balas junto a los supervivientes y que, día tras día, año tras año, han seguido recordando que no hay justicia. Y que «vivos se los llevaron, y vivos los queremos». Esos comunicadores han adquirido un compromiso con los desaparecidos, pero también con sus familias y compañeros. "Aun cuando quieres desconectar, no puedes. Es un vínculo muy fuerte con la gente de aquí. ¿Cómo vas a dejar que siga la corrupción? ¿Cómo vas a dejar que el crimen organizado siga imperando?", se pregunta Natividad. Periodistas como ella siguen denunciando, pero lo hacen a contracorriente. Hay pocos profesionales de la información que sigan ejerciendo en estas zonas de Guerrero, donde la violencia es el pan de cada día. Y la mayoría de los que continúan escribiendo, lo hacen a sueldo del poder fáctico en turno. Reciben el «chayote», un pago en negro para comprar silencios y pagar discursos afines al grupo político, económico o criminal que controle. "Es muy difícil salir a denunciar. Pero, aunque sea yo sola, lo voy a seguir haciendo", asegura Natividad, que durante más de veinte años ha renunciado a esa extorsión a un alto precio.

Hacer periodismo de denuncia en ese contexto es prácticamente heroico. Romper la *omertá* que el cártel ha erigido a base de pagos y sangre es muy arriesgado, sobre todo cuando quedan pocos periodistas en pie, porque entonces se estrecha el círculo y crecen las presiones sobre quienes resisten. Los hechos de Ayotzinapa fueron un antes y un después; pero el cáncer carcome todo el estado. Ali Pacheco Romero es hijo de Francisco Pacheco Beltrán, periodista asesinado el 25 de abril de 2016 en la ciudad guerrerense de Taxco, un antiguo pueblo minero con arquitectura colonial donde los turistas van a comprar joyería de plata como si allí no hubiese una guerra. Ali tenía tan solo 26 años cuando mataron a su padre y ya trabajaba con él en el portal de noticias *El Foro de Taxco*. Cuando empezaron a pedir justicia con concentraciones, pancartas y a través de artículos en el periódico, empezaron a recibir amenazas e intimidaciones hasta que tuvieron que salir de Taxco. Los comunicadores y activistas que no se someten, se convierten en un blanco a perseguir. "Ayotzinapa detonó la crisis de la desaparición forzada", asegura Luis Daniel Nava, periodista de Chilpancingo, capital de Guerrero. En Iguala ya había centenares de personas desaparecidas, cuyas familias se atrevieron a denunciar, arrulladas por el movimiento de las familias de Ayotzinapa. Lo que les habían hecho a los estudiantes de manera masiva pasaba cada día a nivel micro y hasta entonces no se había hecho público.

Ese 2014 acabó con la cifra de desaparecidos triplicada en el estado de Guerrero; ahora, cada año hay unas 300 personas cuyo rastro se evapora, convirtiendo esta zona en el estado con más desapariciones de todo México: actualmente todavía hay 2 000 personas a las que no se ha encontrado, ni vivas ni muertas.[30] Luis Daniel se enfocó en esos hombres y mujeres y empezó a denunciar la corrupción del gobierno y la connivencia con el narco. Su insistencia le valió ser víctima de varias amenazas que se materializaron una noche de finales de mayo de 2018. Era un atardecer, después de una cobertura arriesgada que le había puesto los nervios de punta y mantenido en alerta durante largas horas. Al regresar a la ciudad, Luis Daniel necesitaba un descanso y se fue a encontrar en un bar con algunos amigos. En un momento, entre chela y chela, sonó el teléfono y salió afuera del antro a atenderla. Apenas había cruzado la puerta cuando dos hombres le interceptaron, le golpearon y le subieron a su propia moto, inmovilizado y con los ojos vendados. Le llevaron a un lugar en el que le tuvieron secuestrado durante varias horas. Finalmente le dejaron libre; conmocionado y magullado, pero vivo. Poco después, Luis Daniel se postuló como candidato para venir a Barcelona, acogido por la Taula per Mèxic.

---

30. Según datos del observatorio Red Lupa del Instituto Mexicano de Derechos Humanos y Democracia https://imdhd.org/redlupa/informes-y-analisis/informes-estatales/region-centro/personas-desaparecidas-guerrero/

Durante el tiempo que estuvo en la capital catalana, se planteó qué hacer con su vida. ¿Valía la pena seguir reporteando, denunciando, exigiendo justicia? Tuvo muchas dudas y estuvo muy tentado de tirar la toalla, de dedicarse a cualquier otro trabajo que no le supusiera recibir amenazas casi a diario, que no le exigiera estar en constante contacto con la violencia, con la muerte y con el dolor. Antes hemos dicho que el ejercicio del periodismo en México es prácticamente heroico, un acto que requiere de valentía, pero, sobre todo, de compromiso con una comunidad. Y Luis Daniel no quiso, no pudo, dejar a los suyos solos. "Es lo que nos toca como profesionales, es una responsabilidad social darle sentido a estos hechos que no son casualidad. Que es un sistema de gobierno al que no le importa pasar por encima de las personas que se organizan para mantener el control, la sobreexplotación de recursos naturales. Antes lo hacían por medio de los militares, ahora es con el crimen", sentencia Luis Daniel.

Él decidió que, cuando regresara de Barcelona, se volvería a calzar las botas y seguiría ejerciendo el periodismo. Volvió a un estado de Guerrero totalmente militarizado, sobre todo en los lugares donde hay una fuerte tradición de lucha. "Se ensañan contra los que protestan y batallan por mantener sus tierras", dice Luis Daniel, que a menudo se sube en su camioneta, camino de la sierra, para ir a ver a comunidades indígenas que resisten al embiste de narco, que quiere expropiar sus tierras para ampliar las plantaciones de opio. Pero a ese asedio, en los últimos años se ha sumado la presión de las empresas nacionales y multinacionales. "Están explorando las grandes franjas de minerales y de recursos naturales. Buscan dónde hay maderas finas, dónde pueden extraer agua", se lamenta. Hoy en día, es muy desaconsejable subir a los cerros que rodean la ciudad de Chilpancingo, pues están sitiados, bien por el narco, bien por los militares. Pero Luis Daniel sigue arriesgándose para llegar hasta esas comunidades y poner el altavoz en quienes no lo tienen, esos pueblos a los que se quiere masacrar a cambio de un trozo de tierra para explotar. Hace años que conoce esos pueblos, igual que hace años que conoce a los familiares de los desaparecidos que no cesan en su empeño de encontrar a sus hijos, hermanas, padres o primas. "Aunque hayan pasado años, les recuerdan como si fuera ayer. Hay que seguir contando que faltan miles de personas, pero es muy duro escucharlos. Ver llorar a esas madres se me hace injusto, me hace cuestionar mi trabajo, que les recuerde cómo perdieron a sus hijos. A veces, yo también lloro, porque comparto su dolor. Pero es un trabajo que hay que hacer, porque no hay que dejar que se olvide esa herida abierta que tienen las familias, pero que también es de la sociedad y de nosotros, como periodistas", relata Luis Daniel.

Y es que el vínculo con las fuentes que establece un periodista que trabaja en un escenario de vulneración de derechos, donde la vida se siega sin miramientos, no se parece en nada a la relación que pueda tener con sus fuentes un reportero afincado en Barcelona. La relación deja de ser meramente profesional cuando has visto a esas madres arrodillarse en la tierra yerma, perforar el suelo con largas varillas para olfatearlas en busca del hedor de la descomposición y saber así si, bajo sus pies, hay una de los centenares de fosas comunes que minan el territorio mexicano. El vínculo es personal cuando pasas largas noches y largos días con esas familias, ya sea acompañándolas en marchas o acampando frente a las instancias gubernamentales. O cuando las has visto deshacerse en llanto en los sillones de sus casas, abrazando fotografías de sus hijos desaparecidos. O si has atestiguado la desilusión tras encontrar un cuerpo y entender que no, que ese tampoco es su hijo. Pero, poco después, las ves reponerse y enterrarlo como si lo fuera porque, al fin y al cabo, ese es el hijo de alguien y, por ahí hay una madre que también busca desesperada y a quien le gustaría saber que su pequeño, por fin, descansa en paz y en dignidad. Muchos periodistas han asistido a esos entierros y han cogido la mano de esas madres, diciéndoles con la mirada que lo han hecho bien, que quizás mañana haya más suerte. Esas personas no pueden ser simples fuentes; ni sus vidas solo noticias. Por tanto, los periodistas no son solo periodistas. Son defensores del derecho a la vida para quienes las desapariciones se han convertido en una afrenta personal. El periodismo se vuelve un ejercicio de protección de los derechos humanos que se extiende más allá de las fronteras de Guerrero, hasta donde haya llegado la plaga de las desapariciones que, lamentablemente, es a todo México.

"Es imposible no generar vínculos. Otra cosa sería de ser mala persona", asegura Celia Espinoza, periodista de Lagos de Moreno, en Jalisco. Ella suele acompañar a las madres buscadoras y ha generado un gran vínculo con ellas, hasta el punto que lo último que hizo antes de venir a Barcelona fue visitar a todas y cada una de ellas. "El día del niño estaba por llegar y a mí me habría agarrado en Barcelona, pero no quise romper una tradición que tengo, que es irme hasta sus casas y traerles un regalo. Uno por cada hijo que han perdido y otro más por si tienen a un niño que todavía está con ellas", explica. Son detalles, presentes chiquititos; a veces unos lápices para colorear o algún peluche. Los mete todos en el maletero de su coche y va recorriendo las casas, una por una, para entregar unos regalos que vienen a decir que ella tampoco se rinde y que no va a dejar que su historia caiga en el olvido. Esa relación de estima mutua da sentido al trabajo que hacen estos periodistas y les anima a seguir a pesar de las amenazas. Pero también puede ser extenuante: "Yo ya sé que tendría que poner mis límites, pero es difícil distinguir dónde acaba la periodista y dónde empieza la persona". Eso genera mucha angustia entre los comunicadores, que hacen suyo el dolor y la desesperación de las madres tras cada jornada que pasan sin encontrar a sus hijos, y se acaban cargando sobre las espaldas la responsabilidad de hacer más, de investigar mejor, de publicar y señalar a cada uno de los culpables hasta que se haga justicia. "Sé que no funciona así, pero no es fácil desentenderse", asegura Celia.

Es normal generar un vínculo personal, es imposible mantener las distancias cuando las injusticias son tan flagrantes. Pero hay una línea finísima y transparente. Los periodistas no pueden cargar con el dolor de una, dos, cuatro o veinte familias. Ni con la responsabilidad de pensar que, si todavía no han aparecido a sus hijos es porque no hacen suficiente. Y mucho menos con el peso de la culpa cuando desaparece otro chaval o, en el peor de los casos, cuando represalian a sus familias con amenazas que pueden llegar incluso a la muerte. "Te sientes culpable publiques o no", resume Carlos Manuel Juárez. Él es de Tamaulipas y también ha dedicado parte de su carrera a reportear sobre las desapariciones. Tras tantos años, pasó lo inevitable: se hizo amigo de sus fuentes. Y eso le generó un grave problema emocional porque esta lacra se convirtió en su cruzada personal. "Quería cubrir todas las desapariciones, cada día escuchaba a una mamá que busca a su hijo y pensaba en ellas a todas horas. Nos llamábamos, salíamos a buscar a sus familiares, pero también a comer y a festejar cumpleaños. Platicábamos a menudo. Siempre estaban ahí, y eso tenía un enorme coste emocional", asegura.

Pero él no fue consciente de esa carga que arrastraba hasta que llegó a Barcelona y, a la fuerza, tuvo que poner distancia. Fue entonces cuando notó que el ruido y la congoja que siempre ensordecían sus pensamientos iban desapareciendo. "Entendí que no era cierto que me hubiera acostumbrado al dolor y que tenía que elegir, cada día, a qué me podía enfrentar y a qué no", relata Carlos Manuel quien, por un momento, se planteó dejar el periodismo. "Pensé ¿para qué? ¿Para ser quién? ¿Quién soy yo si no soy eso?". Dedicar la vida a contar las historias de los demás a menudo hace que la propia carezca de sentido y de importancia y, aunque él quería seguir siendo periodista, no quería serlo así. Ya no más. Quería que su vida fuera importante y no un simple catalizador para la de los demás. Por eso, cuando regresó a México, a pesar de que la distancia física con sus fuentes se había disipado, pidió a las familias establecer algunas normas y barreras. "Les dije que no podía ser amigo y periodista a la vez. Seremos amigos cuando acabe la cobertura. Eso me ha ayudado porque la única manera que tengo de ayudarles es trabajando y si guardo esa distancia puedo hacer las preguntas que tengo que hacer, aunque les duela, preguntas que un amigo no haría. Y también les dejo claro que no se pueden generar expectativas ni les doy falsas esperanzas. Mi yo periodista hace el trabajo y mi yo amigo les consuela y los acompaña", resume Carlos Manuel.

Este conflicto de identidades es bastante frecuente en cualquier situación de guerra. No saber dónde está la frontera entre el profesional y la persona, si es que todavía existe esa frontera y no la han engullido el estrés y la obsesión. Carlos Manuel ahora trabaja teniendo clara esta distinción para cuidarse a sí mismo. Y se asegura de que quienes trabajan con él también lo hagan, para evitar que sigan sus pasos en un camino que lleva al abismo. "Los periodistas tendemos a trabajar solos, aunque estemos en un grupo o proyecto colectivo. No tenemos tiempo ni ganas para escucharnos entre nosotros, pero creo que eso es un error", asegura. Por eso, desde que regresó se ha enfocado mucho más en los jóvenes periodistas que conforman la redacción del medio que dirige, *Elefante Blanco*. "Pienso en cómo protegerles porque no tienen que pasar por lo que yo pasé. Les apago el impulso que tan bien conozco para que no acaben pagando ese alto coste emocional". Así que tomó una decisión que suponía un cambio de rumbo respecto a cómo habían estado enfocando hasta entonces las historias de desapariciones. "Decidimos que queríamos seguir acompañando a las víctimas, pero dejando atrás todo ese dolor. Nos enfocamos en contar historias más bonitas, en explicar el día a día de las familias cuando dejan de buscar. Esas madres no solo lloran, también viven". Esa vuelta de tuerca explica otra historia, la de la alegre rebeldía, la de quien atraviesa el dolor para buscar la luz y reivindica que sigue vivo para luchar, pero también para reír, bailar y cantar. Esa es parte de la resistencia y de la victoria de quienes no se doblegan. "Esas son las historias que necesitamos para seguir. Para no darles el gusto a quien nos quieren mal", asegura Carlos Manuel. Porque parte del servicio del periodismo es encontrar la flor en el desierto y convertirla en un faro para que quienes resisten puedan guiarse a través de la oscuridad y el dolor.

# XI. PRECARIEDAD, LA PRIMERA CENSURA

Teresa sabe qué se siente cuando te encañonan. Martín cargaba el olor de la pólvora todavía en sus fosas nasales. Patricia sentía que podía ser la siguiente. El corazón de Enrique fibrilaba cada vez que sentía que la vida de sus padres podía estar en peligro. La lista es tremenda. Son demasiadas las que sobrevivieron al horror.

Cuando cargan con tal estrés, los pocos meses que dura la estancia en Barcelona, a menudo, no son suficientes para cicatrizar tantas heridas y tan profundas. Por eso, a finales de 2021, decidimos hacer un cambio. Miramos atrás y recordamos que creamos el Programa después del homicidio de Rubén Espinosa, cansadas de actuar una vez ya habían sido asesinados. Y volviendo a esa voluntad —y gracias a la experiencia cosechada— entendimos que podíamos ir más atrás todavía en la cadena de acontecimientos. Que podíamos llegar a los periodistas que aún no habían llegado a ese nivel de riesgo, cuyas vidas todavía no corrían peligro y evitar que el caldo en que se cocían las amenazas llegara a hervir. Y entendimos que todos los periodistas que habíamos atendido tenían algo en común: habían descuidado su propia protección. El cansancio había convertido el miedo en imprudencia. Así que abrimos la puerta a quienes aún se encontraban en esa primera etapa, que todavía no se habían adentrado irremediablemente en la oscuridad de la que tan difícil es salir. "Esa apuesta no fue fácil, porque no queríamos desatender la emergencia. Pero ayudar a los reporteros cansados y con *burnout* podía evitar males mayores a futuro", recuerda Arturo Landeros, coordinador del Programa.

Paulina Ríos fue una de las primeras que vino en este cambio de paradigma. Esta oaxaqueña es referente entre las mujeres periodistas. Con más de 30 años de trayectoria, dirige su propio proyecto desde 2011, *Página 3*, un medio local en ese estado tan embrollado por su diversidad social que, hasta su queso típico, el *quesillo*, es una bobina enrollada. Paulina no huía de las balas, sino que necesitaba un respiro de su actividad. A ella misma le daba pudor presentarse. Es cierto que ha sufrido acoso en redes y hasta algún que otro gobernador trasnochado la amenazó antaño, pero los niveles de violencia que ha tenido que soportar esta periodista son bastante más suaves que los de otros compañeros. ¿Por qué? Pues porque hasta 2019 la ciudad de Oaxaca fue casi un oasis, uno de los pocos lugares que no se tambaleaba frente a los embates del crimen organizado como sí lo hacía el resto del país. Las únicas señas de violencia se encontraban en las rutas migrantes en la región del Istmo,[31] y en algunos asesinatos políticos de la zona central, coincidiendo con la revolución utópica de 2006, cuando el pueblo tomó el gobierno durante unos meses y lo rebautizó como La Comuna de Oaxaca. Pero la metástasis

---

31. El Istmo de Tehuantepec es una región localizada entre los estados de Oaxaca y Veracruz y, con solo 200 kilómetros de ancho, es la zona más angosta entre los dos océanos que posee México. Es una zona rica en petróleo, recursos maderables, minería y biodiversidad y una importante ruta migratoria.

acabó llegando y empezaron a aparecer cuerpos embolsados, se dieron los primeros levantones —como llaman allí que te secuestre el crimen organizado—, y se asaltaban a los autobuses de línea. El miedo colonizó las calles.

A Paulina esta oleada de violencia se le sumó con el cansancio y la precariedad de sacar adelante su propio medio. También con problemas de salud. La pandemia llegó cuando ella cumplía 60 años y lo que no habían podido 5 hijos, 10 nietos y un ictus lo consiguió el coronavirus: tumbarla en la cama. No podía moverse, no podía doblar los dedos. Mientras, la violencia iba permeando la ciudad. Hizo un reportaje sobre las desapariciones en su barrio y ni los taxistas que conocía de siempre querían subirla en el coche. Le quitaron convenios de publicidad gubernamental y no tenía para pagar a los colaboradores. Su cuerpo tronó. Paty Mayorga, la periodista chihuahense que ya había estado en el Programa y para entonces había regresado a México para encargarse del área de protección de la Red de Periodistas de a Pie, le recomendó salir unos meses a Barcelona. Pero Paulina sentía que no se lo merecía, habiendo tantos colegas fuertemente amenazados por todo el país. Pero aquí descubrió que podía fortalecerse, empezando por la salud. Descubrió la importancia de parar y cuidarse a ella misma, y no a sus hijos o a sus padres, que también tiene a su cargo. Tomó terapia con la psicóloga Wara Rebollo, cambió la alimentación gracias a la nutricionista Iratxe Sesma, e hizo yoga con Marina Domènech.

Con estos objetivos como parte del Programa y con la mirada puesta en el retorno, ya que es un programa relativamente corto, tuvimos claro que no siempre podían venir las y los periodistas que realmente necesitasen desaparecer del mapa, sino aquellas y aquellos a quienes la estrategia de visibilidad les beneficiase. Paulina Ríos recorrió España con sus huipiles tradicionales bordados por mujeres oaxaqueñas e incluso se sumó a alguna actividad de las Bordadoras por la Paz en México, que se reunían cada primer domingo de mes en el Parque de la Ciutadella de Barcelona para inmortalizar con hilo y aguja los rostros y nombres de los centenares de desaparecidos en México para luego enviar sus obras a casa de sus familias. Ella empezó a bordar a una de sus colegas periodistas asesinadas, Miroslava Breach.[32]

El retiro fue un balón de oxígeno para Paulina. Pudo revisar su situación con perspectiva y abordar sus luchas y dolores de cabeza con más filosofía. Volvió más tranquila y, también, más contenta. Justo al aterrizar de vuelta a México supo que una investigación suya sobre la partería tradicional como alternativa a la violencia obstétrica que viven las oaxaqueñas había ganado la Mención de Honor en Periodismo de Soluciones que otorgan la Fundación Roche y la Fundación Gabo. A los dos meses de volver a Oaxaca, viajó a Colombia a recibir el premio. A sus 63 años ya se la había premiado por su trayectoria, pero este galardón fue por reportear con perspectiva de género, por hacer lo que siempre había hecho y había insuflado a las nuevas generaciones. Ahora, dos años después, quiere ir retirándose porque el cuerpo le pide más calma y las cuentas no salen, pero se resiste. El compromiso y la vocación todavía le pueden más que el cansancio.

---

32. Para más información sobre el caso Miroslava Breach, ver capítulo VIII.

Como Paulina, muchos y muchas periodistas convierten la profesión en parte de su identidad, casi en una obsesión, algo que sienten que deben hacer sin pararse a cuestionar si las condiciones o garantías con las que ejercen son suficientes. Más de uno y de dos se aferran a este oficio como un clavo ardiendo, aunque el agotamiento y las pésimas condiciones laborales y de seguridad hayan devorado la ilusión. Como señala Arturo Landeros, "la libertad de expresión no es la capacidad de decir, escribir o comunicar, lo que es un derecho es poder seguir en el camino después de hacerlo. Y en el caso de México, la posibilidad de seguir viviendo y seguir contándolo".

El derecho a la Libertad de Expresión y de acceso a la Información son fundamentales en todas las sociedades. Facilitan el escrutinio y el debate público y son esenciales para la promoción y protección de los derechos humanos. Cuando se ataca a periodistas, reporteros o trabajadores de los medios de comunicación, no es solo su trabajo lo que se pone en peligro, sino también el derecho de la sociedad en general a ser informada. Quienes se centran en poner al descubierto los abusos contra los derechos humanos, incluidos quienes informan sobre conflictos armados, crimen organizado y corrupción, se enfrentan a niveles especialmente elevados de ataques. Y en muchos casos, esa violencia conduce a la autocensura, a dejarse ganar la batalla y dejar de investigar sobre ciertos temas y pasar solo a amplificar la versión oficial. Comprar las reglas del poder. Silenciar las críticas.

La primera herramienta para esta censura es amenazar el bienestar de los periodistas asfixiándoles económicamente.

Que no puedan llegar a final de mes a pesar, en muchos casos, de compaginar diversos trabajos en diferentes redacciones o en otros sectores. Pero, además, la precariedad en México va más allá. La mayoría, especialmente los que no viven en la capital, no tiene seguridad social, ni sueldos que les permitan ahorrar para pagarse un seguro privado. El poder aprovecha la vulnerabilidad de los periodistas para manipularles de varias maneras. Cárteles o políticos ofrecen sobresueldos a ciertos comunicadores para asegurarse de que se mantienen dentro del riel. O los mismos gobiernos y poderes económicos, que solo con una llamada pueden hacer que despidan a un periodista o ahogar hasta la extinción un medio local. Paulina Ríos nos contaba que cuando le quitaron la publicidad oficial tuvo que hacer malabares y hasta rifas para pagar a sus trabajadores. A otros, como Rodolfo Montes, la violencia del crimen le hizo replantearse el periodismo.

Después de experiencias de acoso y amenaza, Montes decidió aprovechar su estancia en Barcelona para repensar su futuro y se planteó dejar el periodismo. De hecho, llegó a formarse como entrenador de waterpolo para poder ganarse la vida en las piscinas, en lugar de en las redacciones. Pero el reporterismo es una profesión que muerde tanto que deja marca. Y el gusto por escribir historias nunca se pasa del todo, así que Rodolfo, a quien sus amigos llaman el Negro Montes, intentó volver a las andadas a finales de 2023. Pero no le fue fácil. Su nombre es bien conocido entre la profesión, ya que llegó a encararse con el expresidente Andrés Manuel López Obrador durante una de las mañaneras. A partir de ahí, no quedó periodista en México que no conociera al Negro. Y, por eso, no tardó en correrse la voz cuando, en 2022, recibió una llamada directamente del jefe de plaza del cártel Jalisco Nueva Generación en Ciudad de México. Es uno de los grupos más violentos del país y Rodolfo les había molestado tanto como para que un alto cargo se tomara la molestia de avisarle: o paraba o moriría. Esa amenaza, afortunadamente, no llegó a hacerse realidad, pero dejó una profunda huella. "Cuando decía mi nombre en los lugares en los que pretendía trabajar, los redactores jefes manifiestan su temor por mi presencia en las redacciones", asegura. Hace tiempo, consiguió un empleo gracias a que se avino a publicar bajo un pseudónimo, pero en esta profesión, tarde o temprano, todo se sabe. Y cuando se descubrió que era él quien firmaba las notas, se vio obligado a renunciar. "Esa amenaza de muerte sí mató a la parte de mí que era periodista", sentencia el Negro, que sigue intentando averiguar cuál será el camino que le permita ganarse la vida.

Dedicarse al periodismo en México no es fácil y se convierte prácticamente en un ejercicio de activismo y de cabezonería, de orgullo y de la digna reivindicación de no ser acallado. En este contexto, el cansancio puede llegar a ser extremo. Muchos periodistas relatan noches en vela, llantos que les abordan sin saber por qué, desmotivación y frustración. "Yo tengo la suerte de no haber recibido nunca violencia directa, solo algunas intimidaciones. Pero eso fue el colmo: el ritmo de trabajo, la precariedad y el panorama nada alentador de mi medio me hicieron no poder más", explica Marlene Martínez. Ella, como otros, perdió el gusto por un trabajo que, además, había dejado de pagarle las facturas, ya que su periódico pasaba por una época de vacas muy flacas. Llegados a este punto, hay quienes dejan el oficio. Y quienes siguen, se ven obligados a hacer malabares con el reloj y trabajar para varios medios. Pero la cuestión es que no todo el mundo tiene la suerte —por así decirlo— de tener contrato. Muchos solo cuentan con la opción de ser *freelancers*. La lista es larga de entre los que han pasado por Barcelona: Alí Pacheco, Reyna Hernández, Néstor Troncoso, Teresa Montaño, Natividad Ambrocio o Gabriela Rasgado son de los que sobreviven cobrando a tanto la nota. Hay casos tan extremos de precariedad que algunos, como Gabriela, han tenido que llegar a ser subcontratados por sus propios compañeros para poder tener algo de sustento.

Los periodistas *freelancers* trabajan seis o siete días a la semana, más horas que las que permite la OIT para acabar cobrando, con suerte, unos 500 pesos por nota, que son menos de 25 euros. Y, en el peor de los casos, 30 pesos; es decir, menos de 1,50 euros. Ese es el precio que percibe Natividad que, como mucho, puede sacarse unos 4,5 euros al día. "No me da ni para la gasolina", cuenta. De hecho, a esta periodista guerrerense las facturas se las cubre otro empleo. Ella se decantó por ser maestra en una escuela de primaria, un camino que han tomado varios compañeros. "A mí, durante muchos años, me han tentado para que viviera del chayote (el soborno del crimen o de políticos), pero me he resistido. Llevo 22 años como periodista resistiéndome. Y si he podido hacerlo es porque tengo otro trabajo que me solventa los gastos, porque si no, es verdad que es muy difícil", explica Natividad.

Entre lo poco que pagan muchos medios y que algunos de ellos, para evitarse problemas con sus cabeceras, sucumben al relato oficial del crimen organizado y los gobiernos, hay varios periodistas que deciden hacerse un hueco por su cuenta. Algunos, como Mayra Cisneros, optan por publicar en sus redes sociales, colgando vídeos o podcasts en Facebook, que en México sigue siendo, por mucho, la red social más usada. Otros, en cambio, prueban suerte erigiendo un nuevo medio, uno independiente, que no dependa de la publicidad institucional o del chayote. Daniela Pastrana, desde Periodistas de a Pie explica que esta estrategia es cada vez más común en México. Por eso, las entidades de apoyo a los comunicadores han incorporado formaciones sobre cómo conseguir recursos y cómo trabajar audiencias. "Estos profesionales han contribuido a consolidar un periodismo crítico en el país, que cada vez es más fuerte, más visible y más organizado, aunque no tenga el músculo económico de los grandes medios convencionales. Pero es que tampoco priorizan la visión empresarial, sino la periodística, el contenido antes que la publicidad. Al crear medios propios han hecho tangible lo que primero hicieron individualmente como periodistas: crear organizaciones periodísticas con el propósito de formar, alertar, defender y promocionar a los comunicadores en condiciones de riesgo", asegura. Varios periodistas que han pasado por Barcelona han seguido ese camino. Es el caso de Martha Guillén con *El Suspicaz;* Aldo Castillo con *Escenario Tlaxcala*; Alma Ríos con *Desarchivando;* Verónica Martínez con *La Verdad*, Andrés Domínguez con *Chiapas Paralelo.* También Jimy Armendáriz y Paty Mayorga con

*Raíchali.* Después de trabajar en medios convencionales, estos dos periodistas de Chihuahua fundaron un medio cuyo nombre significa «palabra» en lengua rarámuri, el pueblo indígena más numeroso en su región y que habita la escarpada sierra Tarahumara, un macizo que forma parte de la Sierra Madre Occidental y que conecta el Pacífico con la frontera con Texas.

Ahí se acumulan las violaciones a los derechos humanos de los pueblos indígenas, tanto de los megaproyectos extractivos y turísticos como del narcotráfico, que encuentra en sus accidentes geográficos fértiles territorios para sembrar amapola y violencia. No solo producen y trafican con droga, sino que «empiezan a controlar la venta de alcohol y la tala de árboles». Incluso manejan candidaturas electorales. Trabajar en este ambiente «es durísimo». Los seis periodistas de *Raíchali*, incluidos dos compañeros indígenas, han creado sus propios protocolos de seguridad en contacto continuo con las comunidades. A veces envían sus reportajes a Territorial, la Alianza de Medios de Periodistas de a Pie, una red de pequeñas empresas locales de comunicación, para publicarlos sin ponerse en el punto de mira. También escogen bien a sus fuentes, aquellas que les proporcionan información, pero también seguridad. Para *Raíchali* esas fuentes, por ejemplo, eran los jesuitas, que conocen bien el terreno y eran respetados tanto por el crimen como por los gobiernos. Pero esa situación cambió en 2022, cuando mataron a dos religiosos muy conocidos en la región. Y aquello fue la gota que colmó el vaso. Sin protección y sin seguridad, dejaban de tener la poca libertad de la que gozaban; y es que tener su propio medio les dejaba escribir bajo sus normas, pero tenía un precio: la inestabilidad económica. Hasta ese momento, habían conseguido poder pagar sueldos más o menos decentes, pero la subsistencia de los medios independientes pende siempre de un hilo.

En ese 2022, *Raíchali* pasaba serios problemas económicos. Hicieron lo posible por pagar a colaboradores y no cerrar. Pero eso les ocasionó un desgaste emocional y físico tremendo. Y Jaime tuvo que tomar decisiones drásticas. Jimy, como le llaman sus amigos, venía de la norteña ciudad de Chihuahua, ese estado fronterizo con Texas dónde el sonido Ch se pronuncia como un silbido, como una X en catalán, y que dio nombre a una raza de perros pequeñitos y con mal genio. Todo lo contrario a él, que es grandote y bonachón. Quería ser baterista, pero se chingó (o *xingó*, en su acento) la rodilla y el periodismo ganó un gran contador de historias al que le pierden las tartas de queso y le encantó la comida española. Pero a punto estuvo de dejar también el reporterismo. No fue solo por el miedo o el estrés, sino es que simplemente ese oficio ya no le daba de comer.

Decidió mantenerse fiel a *Raíchali*, pero tuvo que buscar otro empleo para pagar las facturas. En su caso fue convertirse en conductor de Uber. Pasaba una jornada laboral entera al volante, despersonalizándose, como él mismo dice. Esas horas conduciendo le permitían pagar su alquiler y sus gastos. Y no era hasta que bajaba del coche que volvía al periodismo. "Ejercía en mis ratos libres", explica. Es decir, que no había ratos libres para Jimy. Toda aquella situación, sumada a la pérdida de las compañeras y compañeros que

habían sido asesinados, a la purga a la que se estaba some-
tiendo a los colectivos indígenas y a la presión contra los
medios de comunicación, hizo estallar a este periodista. Él
seguía creyendo que no merecía descansar, pero fue Paty
Mayorga —que había pasado por el programa cinco años
antes que él— quien le convenció para que se postulara.
La decisión no fue fácil. Pero no solo por el miedo que da
desplazarse o por la culpa de no creerse merecedor de la
ayuda.

En su caso, la falta de dinero también fue determinante
a la hora de decidir si venía o no. Finalmente, cedió ante
la insistencia de Paty, pero para llegar tuvo que tomar otra
decisión drástica. Años después, cuando se le pregunta por
cuál es su peor recuerdo de toda su experiencia en Barce-

lona, Jimy recurre a algo que pasó al otro lado del charco.
"Tuve que vender todo lo que tenía porque debía dejar el
departamento que llevaba rentando casi 9 años. Era imposible mantener el pago y no era opción dejarlo a un tercero
porque el contrato no permitía subarrendar". Se tuvo que
desprender de todo lo que tenía, de sus muebles, sus libros
y parte de su ropa. No se quedó nada que no cupiera en un
par de maletas. Pero lo que más le dolió no fueron recuerdos
o algún cuadro lindo. "Lo que más me costó vender fue mi
cama. Era un colchón *king size* que me representaba mucha
seguridad", dice ahora Jimy, quien se ahorra comentar que el
lecho que le esperaba en Barcelona distaba bastante de ser de
esa envergadura. En esa cama lloró a la periodista asesinada
Miroslava Breach y pasó largas semanas parapetado entre
sus sábanas, debatiendo si el periodismo era un camino que

valía la pena. De esa cama se levantó para seguir luchando y también era el refugio tras largas jornadas expuesto a la inseguridad de las calles y la sierra. Pero tuvo que deshacerse de ella y de todo lo que le rodeaba.

Jimy, como muchos de los periodistas que han llegado a la capital catalana y han tenido que dejar cosas y hogares atrás, no podían quitarse de la cabeza la preocupación de dónde vivirían a su vuelta. La crisis habitacional es un denominador común prácticamente mundial y, en su caso, es un dolor de cabeza adicional que han traído en la maleta. El periodista Alejandro Guerrero, originario del sureño estado que le da el apellido, también tuvo que volar hacia Barcelona con la incertidumbre de que, al volver, no había techo que le esperara. Pero a diferencia de Jimy, él tenía otro problema. No solo tendría que dejar su piso, sino también su trabajo en *El Sur*, ya que no se avinieron a esperarle. Eso hacía imposible que pudiera seguir pagando el alquiler del piso que compartía con su pareja. Y ella, sin él, tampoco podía mantenerlo. Así que Alejandro, cuando decidió venir, lo hizo bajo una condición: su novia, Anarsis Pacheco, también periodista, vendría con él. Muchas de las personas acogidas han recibido a sus parejas, amigos o hijos en algún momento de la estancia, hastiados por la distancia y la añoranza. Pero esa fue la primera vez —y hasta ahora la única— que el Programa acogía a una unidad familiar desde el principio. En este caso, se hizo una excepción porque ambos eran comunicadores y ambos estaban bajo amenaza.

Desde el primer momento, tuvimos claro que venir a Barcelona podría suponer para muchos y muchas perder un trabajo. O, al menos, dejarlo aparcado unos meses, con todo lo que ello puede suponer. También éramos conscientes de que muchos podrían tener problemas habitacionales a la hora de volver a sus regiones. Es un tema que generó muchos dolores de cabeza, pero era imposible evitar que la estancia en Barcelona causara un bache en la economía de muchos de ellos. Aunque en la capital catalana tengan la vivienda cubierta y se les entregue un dinero cada mes para poder sobrevivir en la ciudad. Esta cantidad mensual fue mejorando desde los primeros años y actualmente es equiparable a lo que le queda a muchísima gente en Barcelona después de pagar todos los gastos de la vivienda. Alguna gente ajena al Programa y a la realidad de las personas desplazadas nos ha afeado que se les da demasiado dinero, que hasta se les permite ahorrar. Pero es que esa es la clave: que puedan generar un colchón para su regreso. O que lo puedan enviar a sus familias. O, incluso, si así lo deciden, que se puedan aprovechar que están en Europa para un pequeño viaje que les ayude a desconectar.

Muchos han visitado el icono europeo que en América es la Torre Eiffel, otros han ido hasta Berlín o Lisboa. También los hay que han pisado Italia. Una de ellas fue Mariana Morales, una periodista de Chiapas, el estado más al sur del país, que frecuentemente viaja a Guatemala para reportear temas de migración. Como Chiapas se parece más a Guatemala que a algunos estados del mismo México, Mariana está acostumbrada a cambiar de moneda y de acento. Pero pensaba que con el euro no se iba a aclarar, cuenta riéndose ahora. Al final lo pilló en un santiamén y aplicó aquella máxima mexicana de que quien convierte no se divierte. Es decir, dejó de traducir todos los precios a pesos mexicanos, y se permitió el capricho de organizar algunos viajes memorables. Todavía hoy su foto de perfil en *WhatsApp* sigue siendo ella posando ante la inmensidad del Coliseo de Roma.

# XII. LA DOBLE AMENAZA

Un mal común de las periodistas es ir corriendo a todos lados. Un poco como el conejo de Alicia en el País de las Maravillas, con el tiempo apremiándonos. O esa es quizás la excusa que pongo cuando me recriminan ser una persona bastante impuntual. La cuestión es que ese día iba tarde, tardísimo, porque se me complicó más de lo esperado un reportaje que tenía que presentar y acabé pedaleando mucho más rápido que de costumbre para llegar a la cita. Aquel día había quedado con Daliri Oropeza, una periodista de Ciudad de México que llevaba dos meses acogida en Barcelona. Era 25 de noviembre de 2021, Día Internacional de la Eliminación de la Violencia contra la Mujer, y habíamos dicho de encontrarnos en pleno meollo de la manifestación. Me hacía sufrir llegar muy tarde y que estuviera sola esperándome, pero olvidaba dos cosas: que venía de la capital de México, una ciudad con más de 9 millones de habitantes que la habían acostumbrado a las muchedumbres; y que ella puede llegar a ser más impuntual que yo. En efecto, la tuve que esperar todavía unos minutos. Al fin, entre las miles y miles de mujeres escuché un «Sandraaaaaaaa», que pronto se ahogó en un abrazo. Cuando nos separamos y pudo mirar tranquilamente a su alrededor, Daliri soltó un "¡Guau!".

Como es costumbre, la manifestación de aquel año se celebró en el Passeig de Gràcia, una avenida que surca el centro de Barcelona y que conecta el inicio del barrio de Gràcia con la Plaça Catalunya, dos de los iconos de la ciudad. Uno de los escaparates de la arquitectura de Gaudí, plagada de boutiques y tiendas de las marcas caras y prestigiosas, lo que atrae a los turistas como a moscas. Sus aceras suelen estar concurrídisimas, llenas de personas más pálidas, más rubias y con más dinero que un barcelonés medio, y que lucen bolsas con algún logo enorme. Pero aquel día no era así; las calles estaban todavía más llenas que de costumbre, pero las surcaban miles de mujeres, algunas de ellas con la cara pintada, otras con pasamontañas, todas gritando y agitando carteles en los que se recordaba a las que ya no estaban, a las que habían sido asesinadas, violadas, desaparecidas o abusadas. La estampa era bonita; siempre se agradece cuando la ciudadanía de a pie recupera el control, aunque sea por unas horas, de una de las zonas más gentrificadas de la ciudad, por la que ningún barcelonés pasará a no ser que sea estrictamente necesario. Sobre todo en aquella época del año: justo el día antes de esa marcha se celebró el encendido de las luces de Navidad, que hacen que esa avenida sea todavía más idílica y compartible en posts de Instagram. Pero aquella noche, lo que más brillaba no eran los miles de puntos led navideños, sino los centenares de antorchas que se prendieron antes de la marcha y dieron inicio a la manifestación. Ese año la pancarta que encabezaba la protesta rezaba *De la por a la ràbia*. "¿Qué significa *por*?", me preguntó Daliri, casi al instante de habernos encontrado. "Miedo", le respondí. "Del miedo a la rabia". Me miró con los ojos abiertos, como hace siempre que algo le interesa, y me dijo: "¡Qué padre! Va, va, va, va, voy a tomar fotos. Al rato te veo", exclamó, sin que yo tuviera demasiado tiempo de reaccionar. "¿Seguro?", le grité, mientras ella ya casi había sido engullida por la multitud. Entonces, me miró y me dijo: "No te apures, estaré bien". Me lo dijo con una mirada que ya conocía. Daliri y yo habíamos trabajado juntas en México, algunos años antes, y ese tono fue el mismo que usó cuando se negó a quedarse a dormir en el piso que yo estaba ocupando en la Ciudad de México, después de que hubiéramos estado tomando cervezas como premio tras una larga jornada. También puso la misma cara cuando quiso regresar sola a tomar fotografías de una mina en la que una empresa vertía residuos de manera ilegal y de la que nos había echado un grupo de hombres armados que, clarísimamente, no querían que estuviéramos allí. "No te apures, estaré bien", me dijo. En aquella ocasión, la convencí de que no regresara a la mina, pero años después, cuando me volvió a repetir esa misma frase, en plena manifestación de Barcelona, le respondí: "Lo sé".

195

Efectivamente, Daliri estuvo bien. Aunque en Barcelona hay casos de violencia machista a diario y a pesar de que no conozca ni a una sola mujer que no haya visto su integridad física en peligro en, al menos, una ocasión, nuestra situación tiene muchos privilegios respecto a la de la mayoría de mujeres mexicanas. En México la violencia es una amenaza que campa sobre cualquier persona que viva en ciertas zonas del país. Si esa persona es periodista, hemos visto que la amenaza se duplica. Si, encima, es mujer, se triplica. Y si pertenece al colectivo LGTBIQ+, se cuadruplica. El miedo a que un día te desaparezcan, te violen o te asesinen por ser quien eres es algo que queda tatuado en las entrañas, que no se desaprende y que marca el modo de actuar y proceder. Ni Daliri ni casi ninguna de las periodistas que han pasado meses en Barcelona perdió la costumbre de avisar cuando llegaba a casa de noche y sola. Ni la de preguntar a sus amigas catalanas si estaban bien cuando estas se olvidaban de confirmar que regresaron sanas y salvas.

"Me era tan extraño vivir sin violencia. Era extrañísimo que nadie me preguntara a todas horas dónde estaba, con quién, si ya llegué, que enviara mi ubicación en tiempo real o avisara de que estoy bien", recuerda Guadalupe Záyago que, además de mujer y periodista, es indígena y lesbiana. Así que conoce bien la amenaza que se multiplica y multiplica. También conoce el miedo, que combate con la ayuda de su comunidad y sus vínculos. Pero en Barcelona, de repente, estaba sola. Durante las primeras semanas pasó miedo, estuvo desubicada y triste, con la cabeza en su pueblo y en los suyos. Hasta que un día conoció a Bea Osorno y a Nayeli Pascual, dos votanas del Programa, de esas que no se pierden una actividad y siempre tienen una mano dispuesta para ayudar. Además, forman parte del colectivo que organiza las acciones del bloque antirracista de cara a la manifestación del 8M en Barcelona y la invitaron a unirse. Guadalupe, que requería la militancia como agua de mayo, se juntó sin pensarlo. Y de ahí nació una amistad que duró durante toda su estancia en Barcelona y que llevaría a Guadalupe a pasar largas noches en el piso de Nayeli, en el Raval. "A veces me llamaba para avisarme de que había llegado no sé quien a su casa y eran las 9 de la noche y yo me iba para allá.

¡Sola! Y a veces no regresaba hasta la una o las dos de la mañana", relata, entre orgullosa y sorprendida. "Y nadie me decía: ¿Cómo te vas a ir a esta hora?". Al principio, Guadalupe entendió aquella falta de interés como una muestra de desidia que la desconcertó, pero poco a poco fue entendiendo que, en Barcelona, no hacía falta preguntar si se ha llegado a casa porque —casi— siempre se llega. Y, poco a poco, al igual que todas las mujeres que han pasado por el Programa, se dejó impregnar por esa libertad y seguridad, que relajó sus hombros y aflojó sus puños, aminoró sus pasos y permitió que dejara de estudiar cada sombra y de verse en cada reflejo de los escaparates para comprobar si la seguían. "Yo no sabía qué era caminar segura por las calles. Tenía muchos años sin caminar, a secas. Tan inseguro estaba todo que me movía en auto. Y siempre acompañada. Siempre", asegura.

En Barcelona se relajó y no solo saboreó la libertad, sino que se convirtió en una promotora del derecho a volver tarde, sola y caminando a casa. Cuando Guadalupe llegó a Barcelona, el piso era todo para ella, ya que sus compañeras tardarían todavía unas semanas en venir. Durante ese tiempo, tuvo que aprender cómo aclimatarse, pero Alma Ríos y Celia Espinoza tuvieron una maestra que les transmitió las mieles de la seguridad. Celia fue la primera de las dos en llegar y, para darle la bienvenida, Guadalupe se la llevó a cenar. Era verano, así que el sol todavía las acompañaba pasadas las 9 de la noche. La velada estaba siendo agradable y Celia se olvidó del reloj, pero cuando empezó a anochecer, se puso nerviosa.

—Nos tenemos que ir —dijo, poniéndose en pie.

—Pero, ¿cómo así?

—Es que no quiero que se nos haga tarde. No quiero que nos vaya a pasar nada

—Aquí no te va a pasar nada. Debes sentirte tranquila —le dijo Guadalupe, haciendo gala de los conocimientos que había adquirido durante las últimas semanas.

Celia confió en su compañera y se volvió a sentar. Aun así, durante el regreso, reconoce que no pudo dejar de girarse y ver quién había por la calle. "Quería saber e identificar cualquier cosa". No se sintió insegura, pero sus reflejos eran todavía hipervigilantes. Hasta que el siguiente domingo decidió soltar. "Tengo que poder hacerlo, tengo que confiar. Estoy en un lugar seguro, no me puede pasar nada", se dijo. Y salió a pasear. Era un domingo agradable y el sol calentaba tibio, así que empezó a callejear y a recorrer las manzanas del Eixample. Se sentía bien, pero tenía el teléfono agarrado, con la aplicación de Google Maps siempre abierta, con la ruta de regreso a casa lista para cuando quisiera o necesitara emprender el camino de vuelta. Pero entonces algo pasó. El puntero azul que marcaba su ubicación se desubicó. No estaba donde le decía que estaba. Un sudor frío empezó a atravesarla y notó que estaba a punto de entrar en crisis. "No puede ser, algo hice mal. Me perdí", se decía a sí misma. Pero decidió calmarse. "A lo mejor necesito perderme para encontrarme". Y así fue. Guardó el móvil en el bolso y siguió caminando, hacia donde la llevaban sus piernas, fijándose bien en los chaflanes, en las tiendas y en los nombres de las calles. "Estás en un lugar seguro", se repetía. "Puedes preguntar a la gente si necesitas indicaciones para regresar. Nadie te hará daño", se decía. Y así, acabó llegando a la gran plaza que da al Mercat del Born, una explanada concurrida y soleada. Allí se sentó en un banco, tomando y soltando el aire, con la espalda apoyada en la tabla de madera del banco, y empezó a tranquilizarse. Al recuperar el pulso se dedicó a mirar a la gente pasear, a observar a quienes la rodeaban, por primera vez, desde la curiosidad y no desde el miedo. "Me encontré. Ahora sí me encontré", se dijo.

Al preguntar a los periodistas que han pasado por Barcelona cuál es su mejor recuerdo en la ciudad, la mayoría se remite a sus largos paseos. Cada quien tenía su lugar favorito para abstraerse y disfrutar. Pero para las mujeres esas escapadas tienen un doble efecto sanador, porque ellas han vivido la misma violencia que los hombres con los que comparten profesión, pero en sus casos se suman las agresiones y golpes del machismo y la misoginia que tan imperantes son todavía hoy en las calles. "La doble condición de mujer y periodista es inseparable. Hay violencias que un hombre no va a sufrir jamás, como las agresiones sexistas, las campañas de desprestigio y, por supuesto, las agresiones sexuales. No hay espacio libre de violencia para las mujeres periodistas. La sufren en sus casas, en sus redacciones y en la calle, por parte de fuentes, de jefes, de gobernantes, policías, transeúntes…", explica Mayra Lucía Sánchez, responsable del programa de libertad de expresión y género de CIMAC, una organización mexicana de apoyo a mujeres periodistas.

La violencia hacia las mujeres es una lacra que azota el país, donde se cometen más de 3 000 feminicidios cada año. Y esos son solo los números oficiales, aunque diversas entidades y periodistas aseguran que son mucho más. Marlene

Martínez es una de esas periodistas. Ella lleva años investigando los asesinatos de mujeres y llegó a la conclusión de que los números del Gobierno no le cuadraban. "Algo estaba fallando", asegura. Lo que descubrieron fue una mezcla de desidia e ineptitud que se tradujo en que muchos crímenes no se tipificaran como feminicidios, lo que derivaba en que a las familias se les negaran derechos que no sabían que tenían y a que los homicidios quedaran impunes. "En México hay muchos agresores y asesinos que siguen sueltos. Nadie los busca y a nadie le importa", tal como dijo Marlene en una entrevista.[33]

Esa ineficiencia de la justicia tiene otra consecuencia: que las mujeres no denuncien. Ese silencio, ese aguantar en soledad, se incrementa en el caso de las mujeres periodistas, cuyos agresores suelen tener mucho poder. "Son personas que controlan mucho y que pueden acabar con sus carreras o asegurarse de que nadie las vaya a creer. Pueden girar a sus compañeros en su contra y acabar con su credibilidad", aseguran desde CIMAC. Así le pasó a Yanely Fuentes. Al preguntarle si creía que su género la había hecho recibir más violencias, contestó: "A un hombre no le rompen la blusa para enseñar sus pechos ante decenas de personas mientras la tiran al suelo dos hombres que lastiman sus pechos y los aprietan con odio para doblarla, mientras le golpean las costillas". Ella cubría nota roja, el equivalente a lo que

---

33. Entrevista de Mª Ángeles Fernández, publicada en Píkara Magazine bajo el título *Periodismo para abrir grietas en medio de la violencia*, el 9 de febrero de 2022. https://www.pikaramagazine.com/2022/02/periodismo-para-abrir-grietas-en-medio-de-la-violencia/

en España conocemos como la sección de sucesos, pero con índices de violencia y crueldad mucho más altos. Es una temática que requiere codearse con policías y militares para tener buena información y acceso privilegiado a las escenas del crimen. También suele ser frecuente recibir llamadas o visitas del crimen organizado, que desea controlar la narrativa de los medios de comunicación. Con todo, la relación entre fuentes y periodista se mueve en base a los códigos de la masculinidad. Y todo el mundo se despista, se pone nervioso e, incluso, se ofende cuando debe tratar con una mujer. Mientras la agredían, llamaron a Yanely «pinche vieja loca y chismosa» y le preguntaron: "¿Qué tienes para darnos? Es que siempre han sido hombres cubriendo la nota roja y con ellos podíamos irnos a beber. ¿Qué haremos contigo?". Ella todavía estaba en el suelo, aterrada, cuando la sometieron a un interrogatorio y dos hombres armados la agarraron de los brazos, amenazándola con encerrarla y «reeducarla». Ella aguantó, muerta de miedo, rabia e impotencia, hasta que la dejaron ir. "Solo queríamos asustar a la niña", dijeron al soltarla. Yanely denunció aquella agresión, pero sería la última vez que lo haría. Entonces estaba acogida al Mecanismo de Protección de Personas Defensoras y Periodistas y recurrió a su referente. "Pero acabaron dándole protección permanente al director del periódico en el que yo trabajaba, no a mí, que fui la agredida".

El Gobierno no la protegió y tampoco recibió apoyo ninguno por parte de su jefe ni de sus compañeros, todos ellos hombres. "Existe un pacto patriarcal muy fuerte. Y si una mujer denuncia algo, nadie le hace caso, piensan que igual hizo algo para merecerlo. Pero si es un hombre el agredido cuesta muchísimo menos encontrar muestras de solidaridad", apuntan desde CIMAC. Ese es un hecho diferencial para que las mujeres renuncien a la denuncia, pensando que alzar la voz puede estigmatizarlas o mermar su credibilidad como periodistas. Una credibilidad que, ya de partida, es mucho más baja que la de un hombre.

"Uno de mis mayores miedos era la difamación", asegura Celia. Ella viene de Jalisco, uno de los estados más conservadores y religiosos del país, "marcado por prácticas sociales que quieren determinar cómo debe hacer la mujer". Y que una mujer se dedique al periodismo de investigación, a exponer las corruptelas de los gobernantes, no encaja en esos cánones. "Siempre me exponían, preguntando cómo es que una vieja loca viene a demeritarles", asegura. Cada vez que publicaba algún artículo, las redes sociales hervían poniendo en cuestión la moralidad de Celia, tratándola de «puta» o insinuando que, si hablaba mal de algún político, es porque había tenido algún vínculo sexual con él y que actuaba por venganza tras haber sido rechazada. Obviamente, eso a ella le afectaba, pero entendía que eran gajes del oficio. Ahora bien, lo que realmente le dolía era que sus amistades o familia se creyeran esas acusaciones. Y lo hacían, de alguna manera. "Ay, mejor déjalo. Ve cómo se están expresando sobre ti", le decían sus hermanos. Aunque ella defendía su honor y explicaba las pruebas que tenía para haber publicado lo que publicaba, nada era suficiente. "Aquí pesa mucho el qué dirán, sobre todo entre las mujeres", relata. Lo peor es que esos ataques no venían solo de las personas sobre las que investigaba, quienes Celia entendía que respondían para salvaguardarse de las acusaciones. No, las difamaciones venían también de parte de sus compañeros periodistas hombres. "Ellos nunca salen a defendernos, como sí hacen entre ellos. Hay una lealtad y un pacto entre el patriarcado".

Finalmente, Celia decidió salir de su pueblo, Lagos de Moreno, y tomarse un descanso aceptando la estadía en Barcelona. Pero su marcha no la salvó del todo de las acusaciones. Cada día, en su teléfono, leía los mensajes que se publicaban en redes sobre ella. Algunos, incluso, le llegaban a través de *WhatsApp*. "Estás allá porque tienes un amante que te paga", le decían. Su benefactor podía ser cualquiera de los acompañantes de la Taula per Mèxic, con quienes publicaba fotos en eventos o charlas. "También llegaron a inventar que me enfermé de cáncer. Era muy duro levantarme por la mañana y, por el cambio horario, ver todos esos mensajes. Pensaba que nunca iba a parar y que yo no tenía cómo defenderme. Pero en lo que más pensaba era en mi familia y en cómo ellos iban a estar recibiendo eso", recuerda Celia. Y es que para las periodistas que abandonan sus hogares para tomar un respiro, las cargas familiares que dejan atrás son una losa mucho más pesada que para los hombres. "El trabajo de los cuidados recae sobre las mujeres en particular. Llevan toda la carga de pensar que descuidan lo que deberían estar asumiendo. Trabajan muchísimas horas, a veces en dos o tres lugares distintos, para sacar adelante su carrera. Pero, por otro lado, se las culpa por no atender la labor que les encarga el mandato de género. Y, además, se las culpa por ponerse en riesgo. Y, si se van para resguardarse, se las culpa también por abandonar a sus familias", apuntan desde CIMAC.

Víctima de esa culpa omnipresente, Celia llegó a "autosabotearse". Ella ya había confirmado que vendría a Barcelona y solo tenía que tramitar su pasaporte para que le pudiéramos gestionar el visado y comprar los boletos de avión. Pero los días pasaban y no hacía las gestiones. Siempre encontraba alguna excusa, bien el trabajo o bien alguna tarea de cuidados familiar. "¿Por qué no hacía un esfuerzo para mí misma?", se pregunta ahora. Ella misma se responde: "Las mujeres somos mucho más emocionales y nos cuesta deshacernos de los vínculos, tanto de los laborales como de los personales, y pensamos cómo va a sobrevivir toda esa gente sin nosotras". A Alma Ríos, quien acabó compartiendo piso con Celia, también le acechaban las mismas dudas. "¿Qué tal si enferma mi mamá y yo no estoy? ¿Y si pasa algo y me tienen que localizar?", se preguntaba. Pero resultó que todo estuvo bien. Hubo problemas y contratiempos, claro, como los hay en cualquier familia, pero sobrevivieron sin ella. Salieron adelante. "Al principio me molestó un poco ver que no era tan necesaria como creía, pero luego sí me liberé y como que me quitó un peso de encima, porque entendí que era una carga que no tenía necesidad de soportar", reflexiona Alma.

Esas cargas familiares son un peso tremendo. Tanto que dificultaron mucho que empezaran a llegar mujeres acogidas a Barcelona. Las primeras, Mayra Cisneros y Míriam Ramírez, no vinieron hasta 2018, en la cuarta convocatoria que hicimos. Recuerdo que, cuando hablábamos con nuestras contrapartes en México, no había manera de que nos enviaran candidaturas de mujeres. "Sienten que no pueden dejar tantas cosas atrás", nos decían. Tenían hijos, padres mayores o maridos que necesitaban de sus cuidados. Curioso que los hombres, que también tienen padres e hijos, incluso esposas, nunca refirieran esas cargas como un impedimento. Fue entonces cuando nos pusimos en contacto con CIMAC, con su directora Lucía Lagunes, para entender cómo podíamos animarlas a venir y a disfrutar del derecho al descanso del que sus compañeros hombres sí gozaban. Tomamos todas las precauciones necesarias: aseguramos que, en la medida de lo posible, no compartirían piso con hombres y aumentamos el dinero de bolsillo para garantizar que pudieran seguir aportando económicamente a sus hogares. Finalmente, gracias al aval de CIMAC, que trabaja con mujeres periodistas amenazadas, empezamos a recibir más reporteras. A día de hoy, ya han venido más mujeres que hombres, pero no ha sido tarea fácil.

En muchos de los casos, el apoyo de sus parejas ha sido determinante para que decidieran venir. A Celia, su marido le confesó que no le gustaba la idea de estar tantos meses sin ella, pero la animó a marcharse, a aprender y a «sanarse». La pareja de Martha Guillén también la apoyó, tanto que le hizo él mismo la maleta y le puso una fotografía suya para que jamás olvidara que la esperaría. Guadalupe también tuvo el respaldo de Susi, con quien tiene dos hijas. De hecho, para ella, ejercer el periodismo no habría sido posible sin la complicidad de su pareja. "Si algo pasa, una de las dos tiene que estar a salvo por las niñas. Siempre habíamos pensado que algo me podía pasar a mí, por la labor tan peligrosa que hago, y ella siempre ha intentado mantenerse a un lado. Por eso, le pareció muy bien que viniera a Barcelona", relata. Tan bien, que incluso Susi estuvo unos meses acompañándola en la capital catalana.

Como cualquier núcleo familiar en el que hay una persona periodista o defensora de los derechos humanos expuesta a las amenazas y al riesgo, ellas tienen sus mecanismos de defensa. En su caso, es ser «desapegadas». Por una cuestión de seguridad, no aparecen juntas en público para que no las relacionen como pareja y no puedan hacerle daño a Guadalupe a través de Susi o de sus hijas. De hecho, ellas se sienten bastante afortunadas ya que aseguran que no han recibido ningún tipo de violencia debido a su orientación sexual. A pesar de estar en una zona conservadora de México, se han convertido en una especie de referente en su comunidad. El hecho de que Guadalupe, una persona respetada por su labor como maestra y responsable de la radio comunitaria, hable abiertamente de que es lesbiana ha normalizado que dos mujeres puedan mantener una relación sexoafectiva. "También es por eso, porque somos mujeres. Nosotras las mujeres somos más cariñosas y no es raro ver a dos amigas que se abrazan o se toman de la mano. Así que el choque no es tan grande como con los hombres", sostiene. De hecho, ella misma asegura conocer un montón de historias para no dormir que les suceden a alumnos suyos cuyas familias descubren que son gays. "Ahí sí que no hay tanta aceptación. La masculinidad juega un papel feo y muchos padres rechazan a sus hijos", asegura.

Aldo Castillo conoce bien esos mandatos de la masculinidad. Él viene de Tlaxcala, estado muy cercano al de Morelos, donde vive Guadalupe. Ambos comparten sociedades «patriarcales, misóginas y muy homofóbicas», algo que a Aldo le ha «permeado» mucho. Hace tiempo que este periodista, que apenas tiene 31 años, reflexiona sobre lo masculino y lo femenino, sobre las categorías de la identidad o representación de género. Sobre lo que el sistema le permite enseñar de sí mismo, dónde están los límites para poder ser quien es, sin reventar las costuras de la masculinidad. Aldo no encontró la manera de conjugar ambas cosas, así que decidió tener «dos trajes». El primero y el que habitaba durante más tiempo era el traje de hombre serio y responsable. "Es el que he necesitado para adaptar mi personalidad y dirigir un medio aquí". Desde hace diez años, Aldo es responsable del medio digital *Escenario Tlaxcala*, un rol que le ha llevado a ser una persona "muy cohibida y apretada para ciertas cosas. Pero es lo que he aprendido que debo ser para el trabajo que tengo". Luego, cuando acaba sus responsabilidades, se quita ese traje y se convierte en alguien «más liviano». No considera que alternar ambas personalidades sea mentir, porque sí se reconoce en cada una de ellas: es alguien serio y organizado, a la vez que despreocupado y a quien le encanta salir a bailar. Pero lo que le molesta es no poder ser ambas cosas a la vez. O no lo fue hasta que llegó a Barcelona. "Creo que ahí no tienes que ponerte un traje, tienes la libertad de tener una sola identidad, sin tener que disfrazarte", asegura.

Por el programa de protección a periodistas han pasado diversas personas de la comunidad LGTBIQ+ y la gran mayoría de ellas ha vivido un proceso de descompresión, sobre todo los hombres. Cuando bajan del avión, mantienen las formas rudas y masculinas que se esperan de ellos. Se nota en la postura rígida, y en la voz grave. Ese escudo de seguridad aprendido se va diluyendo a medida que entienden que están en un espacio seguro y que las personas que forman parte de la Taula también son un hogar tranquilo. La descompresión no tarda demasiado en efectuarse, a veces solo unas pocas horas. En algunos casos ha bastado un paseo por el Gaixample, una zona del centro de Barcelona, en el barrio del Eixample, delimitada por la Gran Via y las calles de Balmes, Aragó y Urgell, con muchos bares y saunas del colectivo gay —específicamente hombres—; como en todos lados las lesbianas son menos visibles, con espacios mucho menos conocidos y explotados por la industria. Este barrio acogió el primer hotel *gayfriendly* de España y está lleno de locales de ambiente, que se anuncian en las marquesinas y farolas con fotografías provocadoras de hombres con muy poca ropa y mucho cuero. También hay quien se deshizo de su máscara de masculinidad hegemónica en alguna fiesta de barrio, en la que vio a hombres perreando hasta el suelo y con las mejillas brillantes de sudor y purpurina. Otras veces ha bastado ver a parejas del mismo sexo caminando juntas de la mano, besándose o abrazándose. Fuera como fuera, al cabo de un corto tiempo, las máscaras se han ido resquebrajando, dando aire a personalidades más fluidas, a movimientos más amplios del cuerpo y sonrisas más sinceras.

Tanto las mujeres como los miembros del colectivo LGTBIQ+ tienen algo en común: han podido ser, verse, vestirse y comportarse como han querido. Sin tener que vigilar ni reconducirse. Muchas personas han vivido esos meses desde la tranquilidad, otras han explorado su sexualidad y se han liberado conociendo a gente e, incluso, echándose novios y novias. De hecho, cuando le preguntamos a Aldo cuál fue su momento preferido en Barcelona, su respuesta fue simple: "Conocerle". Se refiere a un hombre con el que entabló una relación durante los meses que estuvo en la capital catalana y con el que siguió hablando, al menos, hasta que charlamos por última vez antes de publicar este libro. La historia es curiosa y paradigmática del proceso que vivió Aldo durante su estancia. Al darse cuenta de que no tenía que ir cambiando de traje, quiso descubrir qué quería decir exactamente ser él mismo. Así que se propuso conocer a toda la gente que pudiera desde cero. Se bajó una aplicación a través de la cual quedas a cenar con un montón de desconocidos en un lugar que te confirman pocas horas antes de la cita. Gracias a esos encuentros, acabó conformando un grupo de amigos y amigas con los que salía a menudo a bailar, a cenar o a tomar copas. Ellos fueron los primeros que conocieron a un Aldo completo, sin una personalidad compartimentada según la ocasión. Vieron al extrovertido y al serio, al organizado y al divertido en toda su complejidad. Y entre esas personas estaba él. "No estaba acostumbrado a hacer las cosas así, a conocer gente así, pero me hizo sentir tan bien", recuerda. Y sus amigos y familia, los que se quedaron en México, se lo decían, le notaban que estaba más feliz. "Un momento. ¿Eso quería decir que me vi amargado toda la vida? Yo quería que me quisieran, pero resulta que siendo yo mismo me veía mejor. Vaya", reflexiona Aldo. Se ha quedado con esos aprendizajes y, si bien a su regreso a México reconoce que sigue performando de cierta manera, ya no se disfraza entero cada día cuando sale de casa. "Entiendo que tengo que ser serio cuando me veo con una fuente o con un cliente, claro, pero ya no se trata de mentir. Ahora, la cuestión es que lo veo como un juego, no como un conflicto", resume.

Barcelona ha sido un lugar de liberación para muchos y muchas. Ellas han podido bailar tranquilas, con faldas cortas y sin pensar en quién las pudiera estar vigilando. También han perreado sin miedo en locales como la Raposa, el Mariatchi o el Paral·lel 62. Muchas han marchado y gritado en las manifestaciones no mixtas de la vigilia del 8 de marzo

y otros, incluso, han ido a las fiestas que se organizan en el parque acuático de Illa Fantasia en el marco del festival gay Circuit. No pecaremos de naifs y no obviaremos que Barcelona no es un paraíso para las mujeres ni para las personas con identidades de género disidentes. Porque, lamentablemente, no hay ni un solo lugar en el planeta que sea completamente seguro ni esté libre de peligro para nosotres. Pero sí es un buen lugar para ser, para vivir y para existir. Sobre todo cuando te acompañan personas que te cuidan y te quieren libre, que desean verte siendo quien realmente eres y que te guardan las espaldas, creando una especie de campo de fuerza para protegerte de babosos, moscardones, violentos, misóginos, homófobos y racistas, para que tú puedas bailar tranquila hasta que quieras acabar la noche y volver a casa sola y tranquila. Y viva.

# XIII. UNA MANO AMIGA

Nadie tiene que enseñar a volar a un pájaro, pero a veces es necesario darles un empujón desde el nido para forzarles a mover las alas. En el Programa Barcelona eso sería imposible sin el trabajo amoroso y voluntario de las votanas. Ellas contestan a llamadas a deshora, acuden ante un dolor de estómago o un mal de amores; comparten risa, llantos y esperanzas, frecuentemente, sin muchos más recursos que una mano amiga.

Conseguir esta bolsa fantástica de voluntarias sin las cuales la Taula no existiría fue idea, inicialmente de Sergi Sendra. Él llevaba años militando como psicólogo en entidades que trabajan con personas en situaciones emocionalmente complicadas, así que sabía que harían falta muchas manos y se le ocurrió convocar una formación para los interesados. Y publicamos un anuncio de un curso para acompañar a refugiadas. En aquel momento, Siria era un polvorín y centenares de miles de personas abandonaron su país huyendo de la violencia. Fue la primera gran crisis de refugio en Europa de este siglo y la sociedad estaba muy sensibilizada con el asunto. Vinieron decenas de asistentes. Fue un gran éxito. Tanto, que los croissants que Queralt trajo de la panadería que regentaban sus padres se quedaron cortísimos.

Durante más de cuatro horas, compartimos experiencias, miedos y dudas. Pero, sobre todo, desmontamos prejuicios.

Hoy, Sergi recuerda con tremendo cariño aquella jornada, porque también nos sirvió para medir cuánto habíamos aprendido nosotras. Con suficiente bagaje como para tener a decenas de personas atentas durante horas. Pudimos explicar cómo lidiar con crisis emocionales, con la frustración y la culpa. La de los refugiados y la de los propios voluntarios. Porque la base desde la que crecía nuestro proyecto era el acompañamiento psicosocial y en general todas las personas que han venido valoran muchísimo es el capital humano del Programa, porque a diferencia de otros como el Mecanismo mexicano en el que muchos han estado acogidos, aquí han conocido el territorio y la gente del lugar.

"Para mí lo más importante es escuchar y no juzgar, ver a quiénes vienen como personas no solo como periodistas y que se reconozcan también en el disfrute. La culpa está muy arraigada en quiénes vienen y mi objetivo era que se olvidaran un poco, que descubrieran Barcelona, impregnarles de la curiosidad de conocer el territorio que a muchas personas les costaba, justo por el miedo y angustia que vienen cargando", explica Malinalli García desde el aprendizaje de años de ser votana.

Malinalli es una periodista mexicana que vive en Barcelona desde hace 20 años y su participación en el Programa está atravesada, como el de tanta gente de la Taula, por la necesidad de aportar un granito de arena a lo que pasa en México desde la distancia. Para Mali, lo que ha recibido es más de lo que ha dado porque ha generado fuertes vínculos humanos que todavía mantiene vía redes sociales. "Cuando estás lejos, dimensionas más lo que se vive en tu país, cuando hablas con las personas amenazadas reflexionas con más profundidad, ellos han sido mis ojos con ese México que he dejado, y entiendo mejor los procesos de migración forzada, así como que el periodista es el último eslabón de la cadena de violencia y eso significa que para que no se apague la llama, la historia merece ser contada", asegura.

Ha pasado ya casi una década desde aquella primera reunión para captar voluntarias y si siguen sumándose votanas al proyecto es por la insistencia de Arturo Landeros, que tanto arregla un calentador, como hace un informe o gestiona una subvención. Arturo, consciente de la necesidad de sumar nuevas manos y corazones al proyecto, no desaprovecha la oportunidad de sumar gente a su encargo. "Yo empecé como votana en base a un engaño...". Así lo dice, riendo, Josefina Arista delante de Arturo, que mira hacia otro lado como quien hace ver que la conversación no va con él. Esta veterana votana cuenta que le contactó inicialmente para hacerle una entrevista para su tesis sobre defensores de derechos humanos exiliados aquí en España. Ante tremenda oportunidad, Arturo no lo dudó un segundo y se inventó cualquier excusa para encandilar a Josefina, por entonces una estudiante ilusionada con lo que le pudiera enseñar este chilango. Así que no fue difícil convencerla para que se acercara a conocer a unos periodistas que acababan de llegar, entonces Luis Daniel Nava y Jacob Morales. Pero su sorpresa llegó cuando Arturo, quien apenas la conocía, la presentó como voluntaria de la Taula. Josefina se quedó ojiplática, aunque no desmintió la mayor, y se fue a su casa pensando en qué se había metido. Siete años después, aquí sigue.

Otras se han acercado en alguno de los actos que hacemos. Uno que triunfa cada año es nuestro altar por el Día de Muertos. Esta festividad es hermana del Día de Todos los Santos de los catalanes, un puente más entre ambos pueblos durante el cual recordamos a los nuestros y honramos a los que no están. Ahora bien, es cierto que las maneras de hacerlo distan un poco: en México se canta y se baila a la vida y a la muerte, se erigen altares coloridos y se decoran las casas con papel picado. Pero en Catalunya, nos vestimos de negro y lo de poner música en momentos tristes no es muy de nuestro estilo. Pero sí comemos dulce; mientras en México tienen el pan de muertos, nosotros horneamos *panellets*, unas bolas hechas de almendra y azúcar, rebozadas de piñones.

Y eso es lo que se come en las fiestas de muertos que organizamos desde 2011. También se bebe tequila y vermut. Y se han cocinado tacos, frijoles, flautas, moles y arroces que han atraído a centenares de habitantes de Barcelona, esa ciudad encandilada con la comida mexicana, en la que triunfan las cantinas. Y, usando el maíz como anzuelo, muchos barceloneses vinieron a esa fiesta, en la que la política se junta con la comida. El objetivo de estos encuentros siempre ha sido unir la reivindicación con la diversión, la rebeldía con la cultura. Uno de los ejemplos más bonitos tuvo lugar en 2019. Aquel año amenazaba con llover, pero el Ágora Juan Andrés, en El Raval, se llenó hasta los topes. El aire estaba lleno del polvo que levantaban al correr los niños, que jugaban y presumían de las catrinas que una compañera les había pintado en el rostro. Muchos de ellos, por fortuna, todavía no habían conocido a la huesuda, pero aun así ayudaron a hacer flores de papel maché y a esculpir calaveritas con arcilla. Y quienes sí se habían topado con ella, pudieron traer una fotografía de sus ausentes y decorarla con brillantes y lazos. Todas esas artesanías fueron a parar al altar colaborativo que, ese año, tenía la forma del Sinaia, el barco que transportó a México a los refugiados republicanos que huían de las garras del franquismo.

En aquel altar había decenas de fotos. Diez de ellas las habíamos puesto nosotras y mostraban los rostros de los diez periodistas que habían sido asesinados aquel año. La mayoría de los presentes no conocía a Samir Flores, Rafael Murúa, Telésforo Santiago, Francisco Romero, Santiago Barroso, Jorge Celestino Ruíz, Rogelio Barragán, Norma Sarabia, Edgar Alberto Nava ni Nevith Condes. Pero lo hicieron cuando Patricia Mayorga y Yanely Fuentes, las dos periodistas que en aquel momento estaban acogidas, tomaron el micrófono. Se apoderaron de él durante más de 20 minutos. En todo ese rato, el bullicio del Raval desapareció y nuestro mundo entero se redujo a aquellas dos mujeres cuyas voces se amplificaban, narrando una historia de dolor y pérdida. Pero también de lucha y resistencia. Un llamado a no resignarse, a no ceder. Muchos no sabían quiénes eran Patricia, Yanely ni los asesinados a los que mentaban. Pero sus historias enmudecieron a los asistentes y se entrecruzaron con la de tantas y tantas personas que han perdido la vida a manos de un sistema racista, hipercapitalista, colonial o patriarcal y para quienes el Ágora Juan Andrés Benítez y el Raval, el barrio que la acoge, siempre han sido un hogar seguro.

No por nada el Raval es el barrio favorito de la mayoría de periodistas acogidas en el Programa. Aunque el apartamento donde viven ahora está en Eixample —ese barrio que es una cuadrícula perfecta con esquinas octogonales y que es uno de los símbolos de la ciudad junto a la arquitectura de Gaudí o el Barça—, la mayoría acaba gozándola en el Raval, el crisol de culturas de la ciudad. Donde puedes comprar especies de las Indias con un daiquiri en la mano; ese lugar donde la pobreza convive con la música en la calle; donde los museos de arte contemporáneo están flanqueados por adolescentes que bailan trap y remontan con sus skates lo que alguien, un día, proyectó como una obra de arte arquitectónica.

Uno de los barrios en los que se programan y ejecutan más desahucios, pero donde las familias nunca están solas. El movimiento social en Barcelona se fraguó en sus barrios y fábricas, por el derecho a la vivienda y por mejores condiciones laborales, contra la guerra —la de Marruecos en la semana trágica, la de Irak un siglo después— y por los derechos de las mujeres. Y el barrio favorito de los movimientos internacionalistas que han florecido en la ciudad desde los años 70 ha sido el Raval. Allí se organizaba el movimiento anarquista de la ciudad durante la Transición, allí se reunían los movimientos antimilitaristas e insumisos en los 80, y allí se encontraban los exiliados del cono Sur que llegaban a la ciudad. Sus calles angostas, flanqueadas por edificios que están tan juntos que ensombrecen la luz del sol, están llenas de recovecos donde esconder las disidencias, desde las políticas hasta la sexuales.

En ese crisol se encuentra Lafede.cat, la asociación de asociaciones que vio nacer a la Taula per Mèxic. También está su rambla, llena de bares y restaurantes en las que celebramos las asambleas durante la época de la pandemia en la que solo se podía quedar al aire libre. Y, como no, allí está La Casa de la Solidaritat, hogar para decenas de entidades con la vista puesta en América Latina y África, repleta de mapas y murales que atestiguan años de activismo. Allí fue donde recibimos a la caravana zapatista o a los supervivientes de Ayotzinapa. Y no muy lejos, está su hermana: el Ágora Juan Andrés Benítez. Llamada así por el vecino que fue asesinado por una paliza en 2013 a manos de seis mossos d'Esquadra (la policía catalana), que llegaron a ser condenados gracias al testimonio de diversas personas que no quisieron callar. Su recuerdo se homenajea en este solar abandonado que fue okupado en 2014 y reconvertido en espacio vecinal.

"Cada persona acogida nos aporta nuevos aprendizajes, así como un fortalecimiento del vínculo humano. Juntas aprendemos y generamos redes. Para mí, ser votana va más allá de las cuestiones personales; es el germen de la solidaridad internacional. Es decir, de lo personal a lo social y viceversa. Si nos tocan a una, nos tocan a todas", explica Alba Aran, quién ahora tiene menos tiempo porque es mamá del pequeño Bruc, quien la mira con esos ojitos encandilados de los bebés para quien su mundo entero todavía es su madre. Pero ese hijo que cuida sola no ha hecho que se desvincule. De hecho, nos hace estas reflexiones con su hijo colgado del pecho, a quien las periodistas que han acudido a Barcelona desde su nacimiento han apodado *el bebé de la Taula*. Lejos le quedan a Alba esas noches perdiéndose por los callejones del Raval junto a Patricia Mayorga, Martín Durán, Jacob Morales o Ali Pacheco, pero ahí sigue. Desde otro rol, pero siempre ahí.

# XIV. CUANDO LAS PERIODISTAS HABLAN EN PRIMERA PERSONA

El Congreso de Periodismo de Migraciones se celebra desde hace una década en Mérida, España, y a él acuden grandes medios españoles, pero también periodistas internacionales de más de una veintena de países, incluido México. Después de dos días de conferencias continuadas, el Centro Cultural La Alcazaba de Mérida está medio lleno. La gente se ha empezado a dispersar y entran y salen para airearse. Pero de repente sube una ponente al escenario que atrapa a la audiencia en sus asientos, arrancándole la risa desde su primera intervención. "No tengo voz y creo que eso es un regalo para ustedes", dice Reyna Ramírez, una reportera de Sonora de lengua afilada.

Reyna se hizo viral en reiteradas ocasiones por regañar —que no preguntar— al presidente Andrés Manuel López Obrador en sus conferencias matutinas, las «mañaneras» como les dicen en México, sobre la seguridad de los periodistas mexicanos. Ella misma ha vivido en sus carnes la represión en su natal Sonora, las amenazas y los ataques en redes por cubrir la contaminación del río yaqui por parte de las mineras y destapar temas de corrupción en su entidad. Pero ahora está en Mérida, donde empieza su discurso: "¿Nos preguntan cómo nos cuidamos para cubrir temas de violencia? Empiezo con un fragmento del juramento de los soldados yaqui —el pueblo indígena de Sonora— cuando enfrentaron a los españoles. Para ti no habrá sol, ni muerte, ni dolor, ni lluvia, ni aire, ni enfermedad, ni familia; nada te causará temor, todo ha terminado para ti, excepto hacer periodismo. Bueno, ellos dicen *su trabajo*, pero se entiende, ¿no?", declama provocando al público, que se sonríe.

La conferencia avanza en profundidad y pone matices al juramento desde las reflexiones que ha podido hacer desde que está acogida en el Programa. Al terminar, muchos periodistas la buscan para entrevistarla o pedirle su contacto. Como Reyna, algunas otras periodistas acogidas en el programa han participado en este Congreso, al igual que en la Conferencia Latinoamericana de Periodismo de Investigación, que se celebró en 2024 en Madrid, o en aquellos que se consideren estratégicos o interesantes para las periodistas acogidas desde el área de incidencia del Programa.

Verónica Martínez, desde la frontera norte de México y Andrés Domínguez, desde la frontera sur, por ejemplo, participaron en ambos. Andrés lo recuerda como uno de sus mejores momentos del Programa, para él, seguir aprendiendo de periodismo e interactuar con otras maneras de hacerlo era uno de los objetivos de su estancia. No le tocó presentar trabajo, pero puso mucho interés en asistir a las charlas y conocer a colegas de diferentes países. Se apuntó ideas interesantes, se fijó en los modelos de financiamiento. Él es editor de *Chiapas Paralelo*, un medio independiente ubicado en el estado más pobre de México, con una agenda enfocada en los derechos humanos que en los últimos años se ha ido copando por la seguridad y la migración, ya que al ser un estado fronterizo el crimen organizado extorsiona, prostituye y explota a las personas migrantes que vienen de Centroamérica.

Verónica es de Ciudad Juárez con lo cual no solo se especializó en migraciones sino que la frontera ha atravesado su vida. Toda la vida ha cruzado con normalidad entre El Paso (Texas) y Ciudad Juárez (Chihuahua), ya que en realidad se trata de dos ciudades espejo, o una misma ciudad atravesada por una de las fronteras más desiguales del mundo. El centro de El Paso, está justo enfrente del centro de Ciudad Juárez, solo separado por alambradas y un puente fronterizo sobre el Río Bravo. Mientras para cruzar de México a Estados Unidos con pasaporte mexicano las colas son kilométricas y la espera eterna, en la otra dirección no hay controles, y los estadounidenses cruzan tranquilamente a cortarse el pelo o a salir de copas en Juárez. Verónica estudió la universidad en El Paso y reportea tanto para *La Verdad de Juárez* como para *El Paso Times*.

Participar en congresos o foros como este y tantos otros es parte de las actividades estratégicas de incidencia que la Taula promueve con los periodistas acogidos para generar redes y para que tengan contactos a los que recurrir en el caso de que, tras el retorno, vuelvan a tener problemas. Aunque el Programa busca que las personas acogidas puedan desconectar de la situación de violencia en que viven, también es importante que puedan dar su voz y su testimonio para promover transformaciones positivas para el gremio periodístico en México. Y la estancia en Barcelona es un amplificador importante en este sentido, porque promueve que las y los periodistas participen en Congresos gremiales, conferencias universitarias o charlas junto a movimientos sociales. Las organizaciones de base de Barcelona suelen ser espacios de convivencia cotidiana para quienes son acogidos en el Programa. Algunas de las votanas militan en asociaciones migrantes que lo facilitan, como la hondureña Paula Santos de la Asociación Mujeres Migrantes Diversas, con las que en más de una ocasión hemos unido fuerzas.

Entendemos el Programa como parte de un ejercicio global, solo una gota más en todo un océano conformado por otros movimientos ciudadanos críticos tanto en el Sur como en el Norte. "Se trata de un sentido de pertenencia a una comunidad, de generar una acción colectiva que honra los compromisos adquiridos en los instrumentos internacionales de defensa y promoción de los derechos humanos desde cualquier lugar del mundo, entendiendo que habitamos una casa compartida. Redibujamos el concepto tradicional de cooperación internacional hacia la construcción de justicia global promoviendo conferencias, charlas, entrevistas, reuniones estratégicas. En definitiva, alianzas tanto con la sociedad civil como con gobiernos locales como el de Barcelona", explica el coordinador Arturo Landeros.

Como una forma de mejora continua el Programa forma parte de la Red ProTejer, una coalición de los diferentes programas de acogida temporal que existen en España: Asturias, País Vasco, Galicia, Valencia, Cataluña y Barcelona. Un espacio para el intercambio de experiencias tanto de la parte técnica de los diferentes programas como para el encuentro entre personas defensoras de diversas partes del mundo.

Una vez le preguntamos a la periodista mexicana Daniela Pastrana, impulsora de la red de Periodistas de a Pie, una de nuestras contrapartes, porque en México matan a reporteros y ella espetó, «porque pueden», y luego nos habló de la debilidad histórica del sistema judicial y del ecosistema periodístico, al control de la prensa a través de la publicidad, la concentración de medios, la poca tradición democrática de las empresas de comunicación, de la falta de espacio, profesionales y recursos para hacer periodismo de investigación y el desamparo de quienes lo hacen. Explicar la complejidad de ese «porque pueden» es lo que hacen las charlas, entrevistas y conferencias que dan cada una de las personas acogidas en el programa. Todo este trabajo de incidencia y visibilización se hace para concienciar a la ciudadanía de que en México hay una guerra, pero también para confrontar a la ciudadanía del norte y que nos podamos preguntar si somos cómplices de alguna manera de esa violencia.

Daniela Pastrana vino en septiembre de 2019 a Barcelona, cuando la Taula per Mèxic, junto a la entidad mexicana Serapaz y el Instituto Catalán Internacional para la Paz (ICIP), organizó el Foro Internacional por la Construcción de Paz en México, coincidiendo con el V aniversario de la desaparición forzada de los 43 de Ayotzinapa. Durante tres días, 40 expertos, activistas y académicos se reunieron en el Centro de Cultura Contemporánea de Barcelona (CCCB) para debatir sobre los retos que afronta el país azteca ante la espiral de violencia y qué puede hacer la comunidad internacional. Las relaciones entre entidades mexicanas y catalanas llevan años de historia: desde los exiliados republicanos, hasta el espejo de los movimientos sociales con la revolución zapatista en 1994 que ha llenado durante décadas Chiapas de catalanas o con las familias de Ayotzinapa.

Tres años después, continuamos el debate en México. En 2022, celebramos el Foro Internacional Periodismo y Construcción de Paz en México,[34] esta vez en Ciudad de México. Allí se congregaron casi la totalidad de periodistas que hasta ese momento habían sido acogidos en el Programa. Muchos no se habían conocido antes; otros habían compartido años de carrera y algunos habían oído hablar de los otros tras pasar por Barcelona. Y allí tuvieron la oportunidad de charlar y ponerse cara. Durante aquellas jornadas se invitó a funcionarios de los Mecanismos estatales de protección, a académicos e integrantes de las organizaciones de defensa de periodistas, de acompañamiento psicosocial y a representantes públicos del Gobierno. Pero lo que más destacan los periodistas que asistieron fue poderse conocer entre ellos y compartir sus experiencias. Hablaron del piso en el que unos y otros habían vivido aun sin coincidir en el espacio tiempo, hicieron burla amistosa de algunas de nosotras y recordaron cómo Arturo siempre les apremiaba para no llegar tarde a tal o cual entrevista. También rememoraron, nostálgicos, los sabores y los olores de esa ciudad que les había permitido descansar. Pero, sobre todo, reflexionaron conjuntamente sobre algo que solo quien ha vivido un exilio conoce.

---

34. Organizado por Taula per Mèxic junto al ICIP (Instituto Catalán Internacional por la Paz), el Ajuntament de Barcelona y las contrapartes mexicanas de la Taula.

"Cuando uno sale de su territorio, por más que se encuentre en una ciudad más bonita, ese territorio no deja de estar ahí latiendo, impulsando. Y a la vez, solamente saliendo del territorio puedes tener reflexiones más profundas y volver a ser el observador. Y eso me pasó. En Barcelona me di cuenta de que hay otras realidades", señala el periodista Carlos Manuel Juárez, que dirige el medio *Elefante Blanco*, un elefante como la forma geográfica de su estado, Tamaulipas, tan grande y con tantas historias de barbarie escondidas. "Regreso muchas veces a esa frase que dijo Patty Mayorga de que no somos corresponsales de guerra, sino que crecimos en la guerra. Por eso, vamos normalizando la violencia y perdiendo su dimensión. También perdemos la visión de lo que significa estar en un contexto idóneo para desarrollar una práctica como es el periodismo. Uno se acostumbra a la censura, a violencias de bajo calibre o de baja frecuencia, y no lo ves hasta que sales de tu territorio", añade. En esto coinciden la mayoría de periodistas mexicanos, pero es una realidad muy difícil de digerir para una persona —profesional de la información o no— que haya nacido y se haya desarrollado en el norte global. Por eso, las actividades de sensibilización son la oportunidad de poder establecer redes y acercar a la ciudadanía europea las diversas realidades de México. Cada periodista con su estilo y experiencia, desde sus diferencias, pero cada uno de ellos con discursos, charlas en eventos o entrevistas que han sido una grieta contra el muro de silencio que impone la impunidad.

"Es un trabajo necesario, pero a veces es pesado y puede ser doloroso", asegura Yanely Fuentes, quien lamenta que, en ocasiones, el estado de ánimo de una persona en el exilio no es lo suficientemente fuerte como para revivir ciertas experiencias. Es cierto que participar de estos espacios en los que, irremediablemente, deben contar su historia una y otra vez, puede ser cargante, pero también puede ser una gran herramienta. La visibilidad no es, de por sí, un chaleco antibalas, pero ayuda dejarse ver por las latitudes norteñas y tejer redes con las administraciones y con otros colegas de profesión y activistas de diversas ciudades europeas. De hecho, aunque a veces se viera «sobrepasada» por las actividades de incidencia, uno de los mejores recuerdos de Yanely fue su participación en el encuentro de Ciudades Defensoras, un evento que aúna a 30 ayuntamientos catalanes y diversas entidades implicadas en la promoción y defensa de los derechos humanos. "Conocer a todas esas personas fue muy revelador. Sobre todo me agradó que la mayoría eran jóvenes. Siempre vemos que los defensores son personas mayores que ya han tenido toda una carrera de defensa y, hasta ahora, se la están reconociendo. Y nosotros éramos todos muy jóvenes y estábamos ocupando un espacio de reconocimiento. Me hizo sentir que no hay una edad para que te respeten por tu labor. Siempre ha recaído sobre mí el estigma de «estás bien joven todavía». Pero porque estoy joven, por esa razón, ¿mi palabra no vale? Ya tengo 30 años", reflexiona Yanely.

Como Yanely, para muchas otras periodistas, es cansado tener que hacer sensibilización. Verónica Martínez, la periodista de Ciudad Juárez que hemos mencionado hace unos párrafos, llevaba apenas un mes en Barcelona después de un *burnout* y quería tomarse un respiro del periodismo. De repente se vio el 7 de octubre presentando una mesa sobre los 10 años de la masacre de Ayotzinapa en el Instituto Catalán Internacional por la Paz; el día siguiente saliendo hacia Mérida al Congreso de Periodismo de Migraciones y dos semanas después a la Conferencia Latinoamericana de Periodismo de Investigación en Madrid. "Fue difícil, porque ir a estos eventos me expuso a hablar temas dolorosos como la migración o reencontrarme con dinámicas laborales que no me gustan del periodismo, cómo actuar desde el ego y la sobreexigencia, cuando yo estaba en un momento que necesitaba todavía parar. La diferencia fue que allí lo enfrenté con las herramientas y el apoyo de la terapia, así que finalmente no fue placentero, pero creo que fue positivo, porque aprendí a manejarlo".

Mariana Morales lo vivió como un proceso de empoderamiento. A los pocos días de estar en Barcelona, Arturo le propuso participar en un encuentro de mujeres defensoras de Centroamérica en Bilbao, el País Vasco. Mariana era de Chiapas y llevaba más de 10 años cubriendo la región, desde el zapatismo hasta las migraciones, pasando por la resistencia a la minería y la presión del crimen organizado. Pero no se identificaba como defensora ni como experta feminista. "Yo iba nerviosa porque me sentía súper impostora y pensaba que me iban a preguntar cosas que no sabría contestar. Pero, en cambio, cuando llegué, sentí que estaba en una red de apoyo, había muchas mujeres valiosas, mujeres centroamericanas que estaban haciendo muchas cosas en sus pueblos, en sus territorios y que se unían, que buscaban las formas para la esperanza. Ellas eran tan valientes que se me contagió y desde ahí empezó mi sanación. O sea, esos días en el País Vasco me abrieron mucho el panorama. Decidí que tenía que dejar de lamentarme y ser firme, fuerte", recuerda ahora. Después de eso, siguieron foros en Granada, en Lleida, en Valencia. Pero el de Bilbao dice que «nunca» lo va olvidar, porque ahí «su corazón empezó a desempolvarse» y, a pesar del miedo y los nervios iniciales, conocer a toda aquella gente y sentirse validada por sus oídos atentos, mientras los focos la envolvían, fue el primer paso de la recuperación.

Como parte de la misma política de ejercer la ciudadanía global, Arturo Landeros organiza reuniones con tomadores de decisiones tanto en Barcelona, Catalunya y España, como en las instancias de la Unión Europea y las Naciones Unidas en Ginebra. Se diseñan las actividades de incidencia para, por un lado, brindar cobertura a los casos particulares de las personas acogidas y, por otro, presionar en la capacidad de interlocución de las diferentes autoridades internacionales con el gobierno mexicano.

Poder tomar la palabra y que todas esas personas trajeadas tengan que escuchar es una de las actividades que más marcan a los periodistas que han tenido la oportunidad de subirse a un atril. Una de las primeras que viajó a Bruselas fue Mayra Cisneros, una periodista del municipio de Frontera, en el norteño estado de Coahuila. Allí se organizaron las primeras asociaciones de madres buscadoras, mucho antes de que los crímenes de desaparición forzada se extendiesen por todo el país. Mayra había sido despedida de la radio local en la que trabajaba debido a su cobertura de la campaña electoral municipal, que no gustó al candidato priista, aliado con los criminales locales. Pero no les bastó con echarla del trabajo: la bajaron de su propia camioneta cuando se disponía a ir a ver a su hija, le pusieron una bolsa en la cabeza y la llevaron a un lugar en el que permaneció secuestrada durante diversas horas. No sabe cuántas, pero fueron largas y, durante ese tiempo, pensó que no lo contaría. Finalmente, alguien llegó y ordenó a sus captores que la llevaran sana y salva a casa.

Con ese trauma a cuestas, Mayra habló ante media docena de políticos europeos. Fue recibida por la comisión de europarlamentarios que velan por las relaciones entre la Unión Europea y América Latina, entre ellos el filósofo catalán y entonces europarlamentario Josep Maria Terricabras. Quien fuera líder en ese parlamento del grupo izquierdista Alianza Libre Europea sentía un compromiso muy grande con México y en muchas tribunas denunció la situación de periodistas y defensores mexicanos. Cuando mataron a Samir Flores[35] —que recuerden que se oponía a un megaproyecto de diversas multinacionales españolas—, ese grupo escribió un manifiesto en el que exigían a las empresas europeas respetar los derechos humanos, específicamente los de los pueblos indígenas. De esta manera, ponían de relieve una demanda que la sociedad civil hacía años que gritaba a todo pulmón, pero nunca se había escuchado en el europarlamento: no actualizar el Acuerdo Global UE-México, que es el que regula las relaciones comerciales entre ambas administraciones. Esto sí hubiera supuesto una gran diferencia y un llamado de atención al poder. Y no faltaban razones

---

35. Ver capítulo V.

para pedirlo, puesto que el mismo texto habla de la ambición conjunta de la Unión Europea y del país americano de «promover y proteger los derechos humanos, el multilateralismo y la paz y seguridad internacionales».[36] Y si algo hemos visto durante las pasadas páginas, es que México tiene una deuda con los derechos humanos. A pesar de la evidencia, la Alianza Libre se quedó sola y, finalmente, el acuerdo sí se actualizó, pasando por encima de los centenares de asesinados y desaparecidos que, cada año engrosan una lista ya demasiado larga.

Aquella hubiera sido una gran victoria, aunque no se dio. Fue una lástima, pero así es esto. "Un trabajo constante, un no parar", dice Arturo Landeros. Él lo sabe bien, porque es quien acompaña a las y los periodistas a todas las charlas, entrevistas y actividades. Quien los anima a ponerse delante de los micrófonos y de los atriles a contar su historia y la de su tierra, sabedor de la importancia de tener un altavoz. Y sabedor de que en muchas otras ocasiones sí sirve. Como les ha servido a Néstor Troncoso o a Celia Espinoza.

Néstor Troncoso era abogado de comunidades que pelean contra grandes trasnacionales que quieren extraer el gas de su subsuelo y usan al crimen organizado para imponerse y afanarse las tierras. Lo litigaba y lo denunciaba también en notas y columnas de opinión en medios estatales y nacionales porque es colaborador habitual de prensa escrita y televisión en el sur de Tamaulipas, uno de los estados donde más

---

36. Texto íntegro del Acuerdo Global UE-México https://eur-lex.europa.eu/legal-content/ES/TXT/?uri=LEGISSUM%3Ar14011

pronto la violencia silenció a la prensa. A medida que iba escribiendo, las intimidaciones contra él iban subiendo. Una diputada del Congreso estatal lo llegó a difamar y amenazar desde su tribuna. Un día le quemaron el coche delante de la policía y casi lo matan. El agente que lo custodiaba solo alcanzó a decir: "Yo no le conozco". Néstor expuso su caso señalando nombres y apellidos en foros nacionales e internacionales y, antes de su retorno, el Ajuntament de Barcelona envió cartas a diferentes instancias mexicanas con el fin de proteger su integridad. No pretendemos salvar a nadie, pero era una manera de decir «nosotros sí te conocemos». Hace ya un tiempo que volvió y las amenazas han parado, aunque la justicia sigue siendo un tema pendiente.

En un país con unos índices tan altos de impunidad como tiene México, el hecho de conseguir una condena para tus agresores es un sueño, lamentablemente, al alcance de un porcentaje mínimo. Ni siquiera mínimas garantías de reparación, como la que tuvo Celia Espinoza, la periodista amenazada por el alcalde de Lagos de Moreno. Ella volvió cuando este dejó la alcaldía, pero no tenía claro que su seguridad estuviera asegurada ya que su sucesor era de su mismo partido. Como ya hemos contado, Celia se quedó unos meses más en Barcelona, se sentía incapaz de volver a su pueblo y seguir siendo objeto de campañas de difamación e intimidaciones. Por eso, una delegación del Programa se reunió en persona con el nuevo alcalde para obtener garantías para un retorno tranquilo de la periodista. El nuevo alcalde ofreció disculpas por las agresiones recibidas desde el Ayuntamiento y prometió mejorar la relación institucional con la prensa critica. Celia hoy está mucho más tranquila, porque sabe que hay quien está velando por su seguridad y que, a pesar de los kilómetros que nos separan, desde Barcelona se sigue monitoreando su situación. No es algo que podamos hacer con todos los y las periodistas que pasan por nuestra ciudad, ojalá. Pero cada año, al menos un representante del Programa visita México y aprovecha para hacer reuniones de seguimiento con los periodistas acogidos, así como con instancias públicas. Y en estos viajes, casi siempre nos acompañan representantes políticos del Ajuntament de Barcelona, de la Generalitat de Catalunya o, incluso, del Parlamento Europeo, que han viajado en reiteradas ocasiones a México para reunirse con la sociedad civil y exigir a sus socios políticos algunas garantías.

# XV. LA UNIVERSIDAD EN UN COMEDOR

El comedor del piso de la calle de Villarroel se convierte una vez al mes en un salón de clases. "Majo, es un seminario, no una clase", me corrige rápidamente Xavier Giró desde la confianza que nos tenemos después de 20 años de conocernos y para señalar que aquí vamos a repensarnos y debatir, que la formación técnica en periodismo ya la tenemos que traer de casa. Xavi mueve las manos con la misma cadencia que suelta sentencias. Este profesor no ha perdido ni un ápice su capacidad para hilvanar una teoría, aunque ya se haya jubilado. Fue maestro de periodismo político en la Universitat Autònoma de Barcelona. Pero para mí no fue uno cualquiera. Fue «el profe», ese profe que nos marca, que nos inspira, que nos impulsa a trabajar por lo que creemos.

Yo también fui una de sus alumnas favoritas de aquel curso. Me invitó a los seminarios que organizaba a parte de las asignaturas obligatorias. En la facultad de periodismo había montado lo que llamaba Observatorio de Cobertura de Conflictos, donde el alumnado más motivado con sus teorías nos implicábamos en estudiar cómo los grandes medios cubrían los principales conflictos bélicos y sociales del momento. Fue el primero al que le oí en Barcelona hablar de la necesidad de cambiar la mirada criminalizadora de las migraciones que, a principios del siglo XXI, describían a las personas migrantes con términos como avalanchas, ilegales e, incluso, hordas. Dos décadas después parece que no ha cambiado tanto el discurso.

Gracias a Xavi fui a mi primer congreso internacional de periodismo en Estrasburgo. Y gracias a él también entendí que, en cualquier medio, independientemente de la ideología que defiendan sus dueños, había grietas para publicar temas con perspectiva de derechos humanos, aunque solo fuese para mantener su pluralidad y su credibilidad. Algo así viene a decir su Teoría de las Grietas.

Xavi también propugnaba el periodismo de soluciones antes de que le pusieran esa etiqueta. Defiende que los medios somos actores políticos en los conflictos y, por tanto, que los periodistas tenemos una responsabilidad de la que no podemos escabullirnos apelando a ese equívoco concepto de objetividad. Sintetizándolo mucho, y que el profe me perdone, viene a decir que no basta solo con denunciar la guerra y las atrocidades, porque si solo mostramos la violencia, al final nos acostumbramos a ella, la normalizamos, y la violencia siempre escala. Xavi propone cubrir aquellas acciones e iniciativas que abonan la paz, que generan alternativas. Pero no de una manera naif, sino radical, entendiendo que para construir la paz habrá que sentarse también a negociar con los criminales, porque a fin de cuentas son un poder fáctico más, como es el poder económico o político —siendo que estos, a menudo, no están del todo separados del crimen organizado. Esta perspectiva a veces genera los aspavientos de algunos y algunas reporteras—. El periodismo no es neutro, hace política, se moja. Pero a menudo se nos ha presentado el oficio en coordenadas asépticas e imparciales.

Para Xavier Giró, en un contexto como el de México en el que existen tantos abusos de poder, estas coordenadas son «imprudentes», porque no se puede ser neutral ante los abusos y no se puede ser el cuarto poder cuando la separación de los otros tres poderes en los que teóricamente se basa la democracia está totalmente roída. No propugna hacer un periodismo de panfleto, sino ser consciente de que, ante el conflicto, la lucha de poderes es asimétrica. Por eso, apuesta por generar estrategias, porque el periodismo solo podrá exponer las injusticias y exigir responsabilidades mientras se pueda ejercer.

Todavía veo a la periodista coahuilense Mayra Cisneros negando con la cabeza alguna de estas disquisiciones de Xavi en el seminario. Antes de jubilarse, Xavier Giró impartía el Seminario en la facultad de periodismo. Allí invitaba a algunos de sus estudiantes de doctorado o de otros seminarios, como una doctoranda de Uzbekistán, donde el gobierno aplica la censura a los medios de una forma muy diferente a la mexicana. O Pau González, una fotoperiodista mexicana que conoció el Programa por ser alumna de uno de los másteres que impartía Xavi. Pau estaba, de hecho, en aquel seminario con Mayra y su historia la dejó tan impactada que decidió entrevistarla[37] y sumarse al Programa como voluntaria, es decir como votana. "Tengo el privilegio de poder vivir y ejercer desde acá, así que quiero aportar desde fuera como pueda. He conocido a más de 20 periodistas acogidos en el Programa y todavía me sorprende cómo han normali-

---

37. http://fragmentados.com/?p=1395

zado toda la mierda que les pasa. Y que vienen de todos lados de México, por distintos motivos, amenazados por distintos actores y cubriendo cosas muy diferentes... Es una violencia que nos sobrepasa como periodistas", confiesa Pau, quien ha ido armando un rompecabezas de México y del entramado que permite la violencia hacia los periodistas.

"En general, los que vienen al Programa cubren cosas comprometidas: corrupción, desaparecidos, masacres, luchas sociales... Y lo hacen más como un deber periodístico que como un trabajo articulado para la comunidad. Esta articulación es necesaria para poder ver una salida, una esperanza, así como para tener una estrategia a largo plazo y que el trabajo periodístico sea transformador y pueda seguir ejerciéndose", explica Xavier Giró, quien les recomienda lecturas y atiza las discusiones. Después, los escucha en interminables sobremesas. "Nos contamos percances y logros, pecados y algunos aciertos. Tristezas y sonrisas. Buenos y malos ratos de nuestro trabajo y alrededores. A menudo abrimos los ojos y se nos humedecen las pupilas. Nos contamos las vidas", se sincera Xavi.

El seminario salió para fortalecer el trabajo, el compromiso y la seguridad de quiénes participan en el Programa de Acogida mientras están en Barcelona y para cuando vuelvan. Se trata de pararse a pensar qué hacen, cómo lo llevan; o más bien cómo lo sobrellevan. Y aunque no haya una respuesta unívoca para parar la violencia contra los y las periodistas, al menos pueden esbozar rutas hacia la solución que les haga más llevadera la tarea.

Pone ejemplos concretos sobre cómo no usar un lenguaje incendiario o desmesurado ante esas denuncias necesarias e inaplazables, y evitar generar así más tensión. "Si el periodismo se compromete, ¿lo hace con la vida o con la muerte?", plantea Xavi. Y Andrés Domínguez, de *Chiapas Paralelo* y Aldo Castillo, el periodista de *Escenario Tlaxcala*, escuchan. Para ambos, las discusiones con Xavi fueron un aprendizaje tremendo y todavía ahora lo tienen bien presente. Aldo alguna vez incluso le ha escrito a Xavi consultándole. "Lo tengo bien presente en las perspectivas para hacer periodismo y lo he compartido acá también en la redacción, e incluso con las fuentes. Porque a veces llegan los denunciantes a plantearme una historia, y yo ya les regreso con alguna contrapropuesta de por dónde contarla sin abonar el dolor, el coraje, o la frustración que tienen", dice Aldo. Este periodista que apenas rebasa los treinta años asegura que ahora su forma de pedir información a sus fuentes, de construir los textos y el enfoque han cambiado hacia la solución, hacia la resolución de conflictos, hacia un periodismo de paz.

Paty Mayorga recuerda las disquisiciones con Xavi. "A mí se me quedó súper clavado que me decía: Patricia tú ya hiciste todo lo que tenías que hacer, ya diste mucho, ahora no puedes regresar a hacer lo mismo que estabas haciendo de la misma manera; ahora toca ser estratégica, pensar qué puedes contar para que sea la sociedad quién lo retome. Y creo que eso fue clave en el retorno, me ayudó a volver hacer periodismo, pero más poderoso, con vida y desde la vida".

A partir de lecturas, Xavier Giró estimula el debate sobre cómo la violencia hacia los y las periodistas forma parte de una dimensión sistémica. Él defiende que la teoría también sana. "Si tienes una buena teoría política, comprendes lo que pasa y eso te descarga de tu responsabilidad, porque ves que es sistémico, la fuente de las injusticias es global", señala Giró. Y, sobre todo, ayuda a los profesionales a saber cuándo parar, a poner en una balanza la importancia de contar algo y la propia vida. Porque el periodismo es un juego de compensaciones entre la ética, la verdad y la seguridad de quien lo ejerce para poder seguir contándolo. Ninguna noticia vale una vida, aunque a veces, cuando las injusticias te explotan a la cara, las periodistas nos creemos que el deber de denunciarlo está por encima de todo. Ya lo decía Reyna con su juramento de soldado yaqui.

La periodista sinaloense Míriam Ramírez recuerda que, en una de las conversaciones con Xavier Giró, él dijo algo así como que los periodistas mexicanos parecían suicidas, porque pensaban que el mismo ejercicio los pondría a salvo, como pensando que esa idea liberal del periodismo como cuarto poder podía aplicar en México. Míriam recuerda que se sintió muy ofendida, como si él lo dijese desde su privilegio. Hay que reconocer que a veces Xavi es provocador, forma parte de su estrategia para interpelar, para no permitir que nadie se duerma en sus reuniones. A Míriam se le quedó grabado y con el tiempo lo resignificó. "He pensado mucho en eso, y sí, a veces somos suicidas porque exponemos nuestra vida de una forma innecesaria. En mi proceso terapéutico fui reflexio-nando mucho sobre cómo puedo seguir haciendo periodismo sin poner en riesgo mi vida y la de las personas que me rodean, la de mi familia, de mis amigos. En aquel entonces me sonaron muy rudas esas palabras, las sentí como un ataque, pero ahora he podido encontrar estrategias para hacer un periodismo que me mantenga segura, sin sentir que en cualquier momento me van a matar", explica Míriam y cuenta ejemplos de cómo ahora pone el freno ante determinadas exposiciones.

Recuerda una cobertura reciente sobre migración con el diario *El Universal*. Durante el trabajo, Míriam, escuchando la voz interna que había aprendido de Xavi, decidió echar el freno y mantenerse a salvo. Pero el fotógrafo quería ir más lejos.

Se encontraban en el Río Suchiate, que hace de frontera entre Guatemala y el estado mexicano de Chiapas. Hasta hace unos años, las personas migrantes lo cruzaban con unas balsas artesanales hechas con neumáticos y maderas. Ahora estas rutas las controla el crimen organizado. Antes de llegar al lugar, habían hablado con varios reporteros de Chiapas que les dijeron que no se quedasen más de un par de horas en la frontera porque les podía pasar algo. Míriam Ramírez está acostumbrada a cubrir narcotráfico en Culiacán y capta fácilmente el ambiente de una ciudad. Solo hay que fijarse en cómo miran los vecinos a los forasteros, si hay gente que parece que no hace nada, pero está en un sitio estratégico para vigilar, si hay alguien con *walkie-talkie*... Allí respiró la tensión en el aire como una goma pegajosa. Ya en el río que divide dos ciudades y dos países se les acercó un militar:

—No voy a evitar su trabajo, háganlo, pero no se queden mucho tiempo, retírense pronto.

La misma advertencia que le habían dado sus colegas de profesión, pero esta vez de la autoridad que debería protegerlos. Fotógrafo y reportera se apostaron sobre el puente donde está la aduana hasta que pudieron fotografiar a unos traficantes de personas subiendo a los migrantes a una balsa. Los criminales se dieron cuenta de que les tomaron fotos, así que los periodistas se apresuraron a subirse al coche. El fotógrafo empezó a conducir hacia el barrio a dónde llegan las balsas. Se veían halcones —o vigilantes— por todos lados. Míriam insistió en que se fueran, que ya tenían la imagen. Pero el fotógrafo, que venía de la Ciudad de México, dónde a veces parece que no alcancen las balas, insistía en seguir haciendo su trabajo. La discusión escaló hasta que el fotógrafo aceptó no bajar del coche casi como una concesión a su compañera. Esa misma tarde entrevistaron a un activista que apoya a migrantes en tránsito y se lo dejó claro: "Qué bueno que no te metiste al río, porque ahí te desaparecen. Ahí a la gente la meten en jaulas, o sea, si tú te hubieras metido al río a querer fotografiarlos de frente, te hubieran desaparecido. Te matan, no pueden dejar que veas lo que hacen ahí". Y hubiera sido por una mejor foto que, seguramente, nunca se hubiera publicado. No hace falta meterse en la boca del lobo si ya se le ven los dientes desde afuera.

"Yo digo siempre que los periodistas que vienen son muy periodistas, tienen una vocación de servicio muy alta. En automático ponen el rol profesional por delante de la persona. Pero en terapia trabajamos que tenemos distintas facetas. No solo existe la obligación o la sobrecarga de responsabilidad con las fuentes, con los colectivos, con la gente que llama para pedir que se hable sobre lo que sucede en tal lugar. Les digo que se escuchen a ellos mismos para reflexionar, sin caer en la culpa de lo que no está en sus manos", explica la psicoterapeuta Wara Rebollo. Ella también ha participado en algunos de los seminarios con Xavi, sobre todo al principio, para entender mejor la óptica de los periodistas. Así puede fortalecerles para poner límites antes que la realidad se los ponga a ellos y ellas. Todo el trabajo de Wara y Xavi se nota, aunque a veces tarde en dar sus frutos. A veces años. Martín Duran, que fue el primer periodista acogido oficialmente en el programa, volvió a México en 2018. En ese momento no había condiciones todavía para regresar a su hogar en Sinaloa, así que se quedó en la capital mexicana un año más. Desde 2020 vuelve a estar en su estado y ahora trabaja de editor en lugar de reportero. Y no le tiembla el pulso a la hora de reconocer que, cuando las cosas se ponen feas y aumentan los atentados indiscriminados, necesita salir unos días para despejarse. "Hoy me he vuelto muy miedoso", dice Martín, sin perder el semblante rudo y entrón que le ha caracterizado siempre. "Creo que antes de salir la primera vez de Sinaloa, entre 2008 y 2016, no tenía plena conciencia de a qué me exponía, pensaba que un periodista debía llegar a las últimas consecuencias por contar la verdad. Forma parte de la inocencia de la juventud también. Ahora que estoy cerca de los 40, pues ya soy veterano y a veces me digo ¿no vale la pena, no? O sea, si no hay que publicar nada, no publicamos nada. Ha sido un aprendizaje que empecé a entender en Barcelona", cuenta. En su papel de editor ha dejado de ser él quién hable con fuentes de los cárteles, ya no tiene el número de criminales en su teléfono. A sus reporteros, más jóvenes, les aconseja que no se la jueguen, que no guarden información propagandística de esa que los cárteles mandan a los chats de los periodistas, que no se quieran meter de

más, sobreinterpretar, que pongan distancia, que no necesitan entrevistar a *un malandrín* para contar la guerra que se
vive en las calles, cómo él hizo tantas veces.

Muchos periodistas entienden que necesitan cambiar el
chip y eso los ha llevado, como a Martín, a dejar de ejercer o
a hacerlo desde otro rol. Pero algunos se mantienen firmes,
casi tozudos, y no quieren dejar que nadie ni nada les aparte
de la profesión. Carlos Manuel Juárez fue uno de ellos. La
estancia en Barcelona, los momentos de paz que pudo recolectar aquí y poner en pausa el miedo le reforzaron la intención de seguir siendo periodista. Le dijeran lo que le dijeran.

—¿Qué vas a hacer cuando regreses a México? —le
preguntó la terapeuta Patricia Jirón en su última sesión.

—Pues ser periodista.

—Uuuuh… ¿Qué tiene que pasar para que te despiertes?

—No, es que yo quiero ser periodista y voy a ser periodista.

Si no fue así, así grabó él esa conversación en su memoria.
Jamás se planteó dejar su profesión, ni siquiera cuando, ya de
regreso a México, un funcionario público le sacó un expe-
diente con todas las entrevistas que había dado en Barcelona
hablando de Tamaulipas. Fue una advertencia. "Te hemos
estado vigilando", parecía que le dijeran. A pesar de esa
intimidación, de ese retorno que le puso frente a frente con
sus antiguos y conocidos agresores, siguió teniendo claro que
quería mantener su profesión. Pero tras aquel episodio se
preguntó si lo hacía por inercia. "¿Para qué quiero ser periodista?", se demandó. Ahí fue cuando todo lo que le había
dicho Xavi cobró otra dimensión y entendió que podía seguir

ejerciendo sin ponerse en riesgo. Y no solo físicamente, también podía esquivar el riesgo psicológico: hay ciertas cosas a las que no te puedes enfrentar. Y pone un ejemplo para ilustrarlo. Cuando regresó a México, le contactaron del *New York Times* para hacer de *fixer* en su región. Querían hacer un reportaje sobre la presión del crimen a la migración y él ya traía la conciencia de no arriesgarse más de la cuenta. Hizo un acuerdo con el periodista estadounidense: fuente A, fuente B, fuente C, y empezó a agendar todo. Pero entonces le pidieron más cosas, ir a ciertos lugares, hablar con testimonios comprometidos que podía haber conseguido, pero que le subían el riesgo. Carlos Manuel decidió renunciar al encargo. Aun cuando el reportero le insinuó la estupidez de cerrarse la puerta para siempre del *New York Times*, uno de los mayores y más reconocidos periódicos de todo el mundo. Pero él puso el límite.

Lo hemos dicho en varias ocasiones, pero lo repetiremos: el periodismo es una profesión de egos. Cuesta negarse cuando te llama una de las cabeceras más importantes del mundo, es difícil renunciar a una buena historia y es tremendamente complicado gestionar la frustración de dejarse ganar la batalla contra la censura. Pero, de nuevo y como dicen en México: ninguna noticia vale una vida. "Me desprendí mucho de esa máscara soberbia que trae uno siempre como periodista, de querer saber de todo, de estar enterado de todo, de tener un análisis político listo por si te preguntan. El problema es que, al hacerlo, me entró toda la duda de quién era yo. Por ejemplo, yo era bromista, pero hacía tiempo que solo hablaba de periodismo con la gente, no tenía más tema de conversación", reconoce Jaime Armendáriz, quien entendió que su trabajo había fagocitado toda su personalidad. Había comprendido que debía cambiar su manera de ejercer para mantenerse vivo, pero entonces, si ya no podía ser el periodista atrevido y temerario ¿quién era?

Cuando puso palabras a esto, una amiga suya le recomendó que se instalara aplicaciones, no necesariamente para ligar, sino para conocer a gente de otros ámbitos, que no tuvieran nada que ver con el periodismo, la política o el activismo. Y le funcionó, aunque recuerda que al principio tenía mucho miedo de conocer a alguien de cero, no sabía qué decir ni por dónde empezar. A un periodista como él, que se pasaba el día hablando con fuentes, se le había olvidado el arte de mantener conversaciones banales. Y es que los periodistas hacemos muchas preguntas, pero no solemos contestarlas. Pero pronto vio que eso de charlar es como ir en bici; no se olvida.

Primero empezó con conversaciones genéricas como preguntar sobre los planes para el fin de semana o el tipo de música preferida. Al final le fue bien y lo que empezó como un experimento social, se acabó convirtiendo en algo que cambiaría su vida. Hoy está a punto de casarse con una mujer que conoció en una de esas aplicaciones.

La buena noticia de Jimy nos emociona, porque el retorno es jodido. Y es que el lugar que antes ocupabas en tu tierra, en tu entorno, ya no existe. Cambiaron las circunstancias y la persona que retorna también cambia, aunque se espera de ella lo mismo que antes fue. Enfrentar esa realidad cuesta. Es difícil volver a tomar la propia voz en el entorno al que se regresa y en medio de la incertidumbre de una violencia que, por mucho que sea vieja conocida, no es más fácil de enfrentar.

14 mayo 2021 [Sueño]

# XVI. EL RETORNO

Cada miércoles, Aldo se ponía guapo y se preparaba para salir. Era su momento, alejado de las votanas y acompañantes de la Taula per Mèxic. También era una actividad que hacía sin sus compañeros de piso, Verónica Martínez y Andrés Domínguez, quienes se habían convertido en amigos y pilares durante ese breve exilio forzado. No todas las convivencias bajo el mismo techo han funcionado tan bien en estos años. Pero Aldo sí estaba a gusto con todas esas personas, solo había un problema: todas ellas sabían que era un periodista mexicano que había tenido que salir de Tlaxcala huyendo de amenazas y presiones. La experiencia en Barcelona puede ser muy sanadora, pero la estancia les recuerda día sí y día también por qué están ahí y puede llegar a reducir toda su compleja esencia a solo dos palabras: periodista amenazado. "Soy más que eso", se repetía Aldo. Durante toda su vida como comunicador se había centrado en su trabajo más de lo recomendable. Desde hace 10 años, además, dirige su propio medio, con lo que el periodismo no sale jamás de su cabeza. Protagoniza sus conversaciones, pensamientos y discusiones. "Siempre es lo mismo, todo el rato. Pero ¿quién soy yo más allá de eso?". Esa pregunta que también se había hecho Jimy años antes que Aldo, igualmente se la han hecho casi todos los y las periodistas que han pasado por el Programa y las respuestas han sido diversas. Pero lo más interesante siempre ha sido el camino que han recorrido para hallar respuesta.

En el caso de Aldo, encontró la solución en el mismo lugar que Jimy: en la pantalla de su móvil. "Quería saber quién era yo más allá del periodismo. De hecho, quería dejar de hablar de eso, ver si era capaz de mantener una conversación sin que mi profesión saliera a relucir", relata. Y, al igual Jimy, se instaló una aplicación para conocer a gente fuera de los circuitos propuestos por la Taula, que suelen basarse en fiestas llenas de militantes, charlas, entrevistas o intervenciones en las que explican su historia y la situación que vive México. Aldo no escogió una aplicación para ligar, sino una diseñada para salir a cenar con grupos de desconocidos. Cada miércoles, como decíamos, se ponía guapo y se preparaba para salir. Nunca sabía con quién ni dónde sería. Esa es la gracia de la propuesta. Y así, cada semana llegaba a un restaurante nuevo, donde probaba platos que jamás había saboreado antes y se sentaba en una larga mesa con gente de todo el mundo. Noruegas, alemanes, francesas, estadounidenses y algún que otro español. Cenaban y se conocían en una noche que culminaba —si así lo deseaban— abriendo otra aplicación que reúne en el mismo local de copas a todas las personas que esa noche habían acudido a las diversas cenas a ciegas. "Era fantástico, conocí a mucha gente parecida a mí", recuerda Aldo, a quien le gusta bastante salir a bailar. Él, que es un tipo carismático y que se moría por poder, por fin, salir y existir en libertad, se convirtió en una especie de líder, un organizador de eventos y encuentros. Creó incluso un grupo de *WhatsApp* con una quincena de personas para poderse encontrar más a menudo y comerse la noche barcelonesa. Sus nuevos amigos agradecían la iniciativa y le seguían gustosos. El problema es que no sabían de dónde le venían a Aldo esas ganas de socializar y nunca supieron que esas bases que andaban construyendo para una amistad que prometía poder llegar a ser sólida, en realidad sería fugaz. Aldo nunca les dijo que estaba en Barcelona temporalmente porque, en realidad, era un periodista exiliado y que su paso por la capital catalana tenía fecha de caducidad.

A Aldo le pareció la mejor de las estrategias. Al menos, hasta que la fecha de su regreso se fue acercando. "No lo sentí como una información necesaria, pero después pensé: ¡Rayos! Sí tenía que haberlo dicho". De repente, contarles que se tenía que ir, que hasta cierto punto les había mentido, se le hizo cuesta arriba. Ese malestar se iba acrecentando a medida que su regreso se hacía inminente, mezclado con los nervios de volver y dejar atrás el remanso de paz que era Barcelona y de enfrentar un nuevo cambio que pondría a prueba todos los aprendizajes adquiridos hasta el momento. Fue Wara, la terapeuta del Programa, quien le recomendó que se despidiera. Y así lo hizo. Empezó con las personas a las que había agarrado más confianza, como una amiga noruega con la que fue a cenar a un restaurante peruano. "Fue muy bonito. Estuvimos muchas horas charlando y le conté todo. Le chocó, pero lo entendió. Y comimos, bebimos y reímos. Nos despedimos bien y fue como agradecerle haberla conocido y que hubiera compartido todos esos meses conmigo", recuerda Aldo.

Aquel encuentro le dio fuerzas y coraje para despedirse del resto de sus nuevos amigos y sincerarse con ellos. Así que organizó un gran encuentro para salir el último sábado que pasó en Barcelona. Aquel mismo día se había montado una cena de despedida en el apartamento en el que vivía y se esperaba la presencia de Arturo, Wara, Xavier Giró y algunas votanas. Algo chiquitito e íntimo. Pero Aldo quería algo más a lo grande, con más gente, así que citó a sus colegas para verse después de la cena. Aun así, cuando la hora llegó, decidió no levantarse de la mesa. "Yo ya andaba con un cierto bajón emocional. Y me dio como cansancio o pesadez volver a verlos para decirles adiós. Me dije que hasta ahí, que ya había quedado bien la relación y no quería hacer más grande el olvido ni la despedida". Y se quedó en el apartamento. Aquella noche comieron y jugaron a juegos de mesa. Charlaron hasta bien entrada la madrugada. Y se intercambiaron regalos, que es algo que se ha instaurado como una tradición en todas las despedidas. Casi todos los periodistas que pasan por Barcelona se compran caprichos, cometen algún que otro pequeño latrocinio de enseres de la casa que se llevan como recuerdo —algo permitido y, hasta cierto punto, incentivado por nosotras mismas— y compran souvenirs para sus familias, pero también regresan con algún obsequio de las personas que les han acompañado. Lo que más ilusión le hizo a Aldo fue una vela que le regaló Wara, en la que había escrito la frase *Menos es más*. "Es que soy una persona un poquito atascada", dice entre risas. También le guarda especial cariño a un *tió* que le dio Nayeli. Se trata de un tronco de madera ataviado con una barretina catalana al que los niños golpean con una vara cada 24 de diciembre con el objetivo de que les cague algún regalo a cambio de haberle alimentado con mandarinas y dulces durante todas las noches del mes navideño.

Daliri Oropeza y Marlene Martínez también se llevaron a México un *tió*. Aquel se lo regalé yo en una cena el mismo día de noche buena. Estuve pensando largo y tendido con qué podía obsequiarles, que fuera representativo de aquellos meses, que fuera bonito y que les despertara una sonrisa. Pero tampoco quería que fuera demasiado emotivo; me sobrepasan un poco las escenas lacrimógenas. Y pensé que el *tió* era ideal, ya que siempre hay caras de sorpresa y risas cuando se explica esta escatológica tradición y la relación tan cercana que los catalanes tenemos con el hecho de defecar (recordemos que en nuestros pesebres siempre tiene que haber un *caganer*, esa figura de un campesino cagando en medio del portal de Belén, mientras la Virgen María da a luz bajo la mirada de un buey y una mula). Era el regalo perfecto, ya que además sabía que tenía que ser algo pequeño porque Daliri ya me había estado contando sus penas intentando cerrar su maleta, tan llena como estaba. De hecho, muchos de los y las periodistas han acabado dejando cosas en el último momento en sus habitaciones. Algunas han sido traspasadas a votanas o a amigas barcelonesas. Otras solo han sido descubiertas cuando Arturo ha ido a limpiar los cuartos. Tiene una larga y graciosísima lista de pertenencias abandonadas que no revelaremos, pero prometemos que han despertado más de una y de dos bromas.

El *tió* de Daliri y Marlene sí que viajó a México. Igual que el de Aldo. Cuando me contó esta anécdota, hacía justo tres meses que había regresado a Tlaxcala, un trimestre que define como «complicado». Su vuelta coincidió casi con año nuevo, así que tuvo todavía un carácter más catártico. "Ha sido un momento de tomar decisiones, de cambiar hábitos para no volver al mismo punto en que estaba antes. Pero es pesado, porque son muchos años de malas prácticas", dice Aldo, que nos concede una entrevista vía videollamada desde lo que, pensamos, es la redacción de su medio. Se oyen voces de fondo y Aldo, aunque está atento a nuestra conversación, es incapaz de disimular que tiene una oreja puesta en lo que sucede más allá. También le delata el hecho de que, cuando deja de ser él quien habla y nos toca a nosotras el turno de preguntar, enseguida toma el teléfono y aprovecha nuestra breve intervención para contestar o ver mensajes. Se lo hacemos notar y se ríe. "Son muchos años", repite.

La costumbre le ha traído de vuelta a la hipervigilancia, a la necesidad de controlarlo todo. Es algo que trabajó con Wara durante sus meses en Barcelona y sabe que tiene que cambiarlo. También sabe que tiene que aprender a relajarse mejor y a escucharse. Por eso sigue haciendo deporte y continúa respetando las recomendaciones alimentarias de Iratxe. Pero no es tan fácil hacerlo como cuando estaba lejos de México. "Las condiciones no son las mismas", resume.

"El regreso es más difícil que irse", reconoce Paty Mayorga. Lima y Barcelona le habían ido bien y sabía que no volvería la misma mujer que se fue. Pero lo que sí seguía intacto era el contexto de violencia e impunidad. Sus victimarios seguían ahí. Ella volvía con más herramientas, con más red de apoyo y más seguridad. Pero, al fin y al cabo, volvía. "Tengo que estar más alerta", se decía. "El riesgo, el sistema político y narcopolítico sigue intacto". Esos temores han acechado a muchas de las personas acogidas y casi todas ellas han fantaseado con quedarse. Muchos viven sus últimos días con lo que Jimy Armendáriz describe como "nostalgia anticipada". Ese hecho de saber que añorarás algo cuando todavía lo tienes entre tus manos y lo sigues disfrutando. Él miraba el apartamento, las calles adoquinadas de Barcelona, observaba los platos humeantes de esa gastronomía que todavía estaba descubriendo, veía las caras sonrientes de la gente que empezaba a convertirse en familia. También notaba cada centímetro del colchón de lo que había sido su habitación y recordaba, con reparo, que tuvo que vender su cama *king size* para poder permitirse venir a Barcelona y que no había colchón, ni somier, ni habitación ni apartamento que le aguardara al regreso.

"¿Y si me quedo aquí? Aquí estoy bien y puedo trabajar. Me gusta el ambiente y me adapté al ritmo de vida", se decía Luis Daniel Nava durante sus últimas noches en Barcelona. Cuando los últimos estertores del bochorno veraniego no le dejaban dormir, fantaseaba con cómo sería su vida al otro lado del charco. Tenía amigos, posibilidad de seguir reporteando, gente que le ayudaría... Lo tenía todo. ¿Todo? "Qué va. Me acordaba mucho de mi familia. Pensaba mucho en mi hijo, en mi papá, en mis hermanos. Y entonces ya quería regresar. Traer todos estos pensamientos contrapuestos es difícil", resume Luis Daniel.

Esa experiencia que enturbió sus últimos días es bastante frecuente. "Siempre hay una doble experiencia; tener muchas ganas de quedarse y de volver. Querer volver a ver a los tuyos, pero a la vez sentir miedo por reencontrarse con esas situaciones de riesgo de las que se ha huido", explica Wara. Ella siempre dice que todas las sesiones son importantes, pero reconoce que pone un poco más de mimo cuando se acerca el final. Porque volver es la prueba final del juego; es enfrentarse de nuevo a los demonios, esta vez cara a cara, y poner a prueba los aprendizajes de unos meses de calma. Es volver a someter al cuerpo al estrés y a la incertidumbre. Pero, cuando se van, están preparados, aunque muchos de ellos no lo sepan todavía. Lo cuenta Wara desde su experiencia, tras más de seis años acompañando a periodistas acogidos. Una de ellas le preguntó una vez, a pocos días de irse, cómo lo iba a poder sobrellevar. "Me acostumbré a vivir sin miedo, a ir por la calle, a comer a mis horas. Me acostumbré a dormir. A dormir del tirón", le dijo. Wara sabía que esas dudas eran normales y las entendía. La había visto cambiar, rebajar el tono de sus ojeras; había visto cómo los músculos de su cuerpo se relajaban y, por primera vez en mucho tiempo, sonreía de verdad. Esa persona tenía miedo de perder todos aquellos pequeños tesoros, pero Wara sabía que eso no pasaría. Sabía que estaba preparada. Y lo estuvo. Sus primeros días de regreso a México fueron convulsos; el corazón le dio un quiebro la primera vez que volvió a entrar por la puerta de su redacción, cuando volvió a hablar con sus fuentes y reconectó con el dolor de la violencia en México. Pero ya no se sobresaltaba cuando una moto le pasaba cerca o cuando recibía una llamada de un número desconocido. Seguía vigilando por la calle, más de lo que lo hacía en Barcelona, pero no estaba paranoica. Sabía identificar cuándo había riesgo y cuándo no. Y lo más importante, aprendió a no ponerse en riesgo innecesariamente, que no siempre vale la pena y, sobre todo, no de cualquier modo. Y, si aun así sentía que tenía que alzar la voz y señalar a alguien, lo hacía, pero con garantías. Y se cubría las espaldas.

Para llegar a este punto han sido indispensables las enseñanzas de todas las personas que colaboran con el Programa: desde Wara hasta Xavier Giró con sus lecciones sobre periodismo de paz, pasando por las votanas y sus acompañamientos, y por la sabiduría compartida de Iratxe y Marina. Por supuesto, también es gracias a Arturo, su experiencia y amor hacia este proyecto. Y también son esenciales todas y cada una de las personas que este libro no tiene espacio suficiente para nombrar. Todas ellas también se despiden y comparten la «nostalgia anticipada» de quien sabe que va a dejar de ver a alguien querido y sienten también en sus nervios los miedos de los periodistas que regresan. Eso le pasa a menudo a Wara, quien establece relaciones muy cercanas con las personas acogidas. A una de ellas, cuando quedaban pocos días para volver, le propuso hacer la sesión de terapia en un bar. Era una manera de cambiar dinámicas, de enseñarle que las cosas estaban a punto de cambiar: que pronto iban a dejar de estar unidas por el vínculo entre terapeuta y paciente. En esas estaban, compartiendo su merienda, cuando a Wara la «atravesó un rayo». Se quedó mirando a esa periodista, pensando en cómo le gustaba su compañía y su carácter. Le hubiera gustado poder ser su amiga desde el principio, pero su rol como psicóloga se lo impedía. Qué lástima que solo pudieran empezar a cultivar ese tipo de relación ahora que se iba de Barcelona. ¿Cuándo iba a volverla a ver?, se preguntó. Y aquí fue cuando la impactó el rayo. "¿Y si no la vuelvo a ver?", se preguntó. Entonces entendió algo que todas las personas que hemos pasado por el programa hemos pensado alguna vez, algo que las que nos sentamos alrededor de la mesa del comedor de Arturo, allá por 2017, consideramos cuando decidimos que Martín Durán sería nuestro primer periodista acogido. "Cabe la posibilidad de que no les volvamos a ver. Porque les suceda algo. Y mueran", dice Wara.

A todas nos ha hecho temblar las piernas ese sentimiento. Ese miedo. Esa culpa por algo que todavía no ha pasado. Y cada quien ha sobrellevado ese sobresalto como ha podido. Wara lo hizo con la calma y paz que la caracterizan. "Mientras la miraba y me asaltaba ese pensamiento, ella seguía hablando como si nada, pero yo pensaba: No quiero que te mueras. Pero entonces me paré y me di cuenta de que ese miedo me permitía estar más con ella y entenderla más. Y comprendí que haber estado con alguien que pudo remover eso en mí ya fue algo positivo", asegura Wara.

Y es que todas las personas que han pasado por Barcelona han dejado huella. Suena naif, pero es así. De esos meses en Barcelona han salido vínculos profesionales, pero sobre todo amistades. Entre las personas que trabajan en la Taula per Mèxic, pero también entre los mismos periodistas acogidos. La convivencia puede no ser fácil a veces, pero en ocasiones el compartir espacio con personas que pasan por la misma situación puede ser un bálsamo sanador potente.

Para escribir este libro, hemos preguntado a todos los periodistas cuál era su mejor recuerdo en Barcelona.

Muchos, muchísimos, nos han remitido a sus paseos. Otros tantos a las fiestas y escapadas. Y no pocos han hecho referencia a sus compañeros de piso, a los otros periodistas con los que compartieron esos meses en la capital catalana. Uno de ellos fue Aldo, que destacó una noche en que decidieron quedarse en casa junto a Verónica Martínez y Andrés Domínguez y pasaron la noche viendo películas. "Tiramos un colchón en el suelo y nos pusimos una de Lars Von Trier. Así como una pijamada muy de adolescentes, rodeados de helado, palomitas y un montón de cosas de comer. Fue muy bonito pasar ese tiempo con ellos", dice. Esas relaciones y esos recuerdos perduran. Aldo, Vero y Andrés siguen conservando el grupo de *WhatsApp* que tenían cuando eran compañeros de piso y todavía lo usan de vez en cuando, siempre que se acuerdan los unos de los otros. A los tres meses de haber regresado, fue Vero la que habló. Envió una fotografía que se había tomado junto a Aldo en un encuentro en Tlaxcala. Iba acompañada de un mensaje para Andrés: "Oye, si en noviembre se arma algo con la Taula, ¿te mueves para que nos veamos?".

Se refería al momento en que algunos miembros del equipo y las autoras que os han estado escribiendo estas páginas vayamos a México a presentar este libro. A reencontrarnos después de años o meses. No todos podrán venir; a algunos sus trabajos, familias o situaciones personales les impedirán acompañarnos. Otros, quizás prefieran dejar Barcelona atrás, como un bonito recuerdo. Pero seguro que habrá más de uno que nos reciba con un abrazo, con alguna broma o con alguna anécdota compartida.

Si esto fuera una película, ahora tocaría que aparecieran en la pantalla una serie de escenas en cámara lenta, mostrando un carrusel de flashbacks con las escenas vividas y compartidas mientras empiezan a asomar los créditos. Algunas imágenes serían divertidas o absurdas; otras emotivas. Pero vamos a huir de ese sentimentalismo, sobre todo porque estas páginas ya han sido un recopilatorio y un buen resumen de todo lo que hemos pasado durante estos años. De cómo ha evolucionado ese grupo de amigos que, un buen día, decidió tirarse al vacío y crear algo que parecía imposible. De la vida e historias de los más de 30 periodistas que han pasado por Barcelona, de los motivos que les obligaron a dejar México atrás por un tiempo y de las amenazas que acechan a la libertad de expresión.

"¿Se van a acordar de nosotras?". Esta pregunta la formuló una de nuestras periodistas, cuando quedaban apenas 24 horas para que dejara Barcelona. Eso removió por dentro a todas las presentes. "O sea, es que ya nos vamos y nos reemplazarán por otras", insistió. La respuesta fue tajante y dejó salir la emotividad a borbotones, culminando en besos y abrazos a modo de despedida anticipada. El adiós fue agridulce; bonito por las palabras sinceras y triste por la incertidumbre que venía. Ojalá pudiéramos echarles una mano siempre que lo requirieran. Ojalá no tuvieran que irse. O mejor: ojalá no hubieran tenido que venir nunca. Pero tienen que hacerlo. Tienen que salir para poder volver. Para poder seguir. Y hasta que siga haciendo falta, aquí seguiremos. Quizás no bajo el mismo nombre, quizás no seremos las mismas, pero siempre habrá alguien en esta ciudad acogedora y combativa dispuesta a abrir las puertas de su casa a quien necesite salir para tomar aire y respirar. Siempre.

# AGRADECIMIENTOS

Escribir este libro ha sido un ejercicio de memoria desde lo personal y lo colectivo, de una década que las dos personas que hemos elaborado estas páginas hemos vivido de manera distinta, desde lugares distintos, pero con anclas en común. Y muchas de estas anclas tienen nombre propio, de lugares y de personas. El vínculo entre (y a través de) México y Barcelona ha sido esencial, así como tantos y tantas amigas, compañeras y personas que nos hemos encontrado por el camino.

Algunas de ellas, no pocas, también han sido imprescindibles para escribir este libro. El primero a quien queremos agradecer es a Arturo Landeros. No solo por los meses que ha durado la planificación, escritura y edición de estas páginas, sino por mucho más. Por años de estar siempre ahí, por ser alma mater y pilar de este programa. Por estar siempre disponible para este trabajo y para todo. No se puede entender el Programa sin él y, después de tantos años, tampoco a él sin el Programa. Se ha desvivido por esta idea que llegó a hacerse realidad, se ha dejado la piel y los nervios y, sin él, nada de esto hubiera sido posible.

Pero este Programa, como todas las iniciativas colectivas, depende de la fuerza de la red, de la voluntad y de tantas otras personas que, en mayor o menor medida, dedican parte de su tiempo y energía a un ideal. En este caso son y han sido muchas. Algunas ya no están y otras siguen, pero este proyecto es de todas. Es de Sergi, de Eunice, Eulàlia, Queralt, Alba, Vanina, Carla, Josefina, Pauli, Iratxe, Wara, Malinalli, Marina F, Marina D, Vicky, Virginia, Rosa B, Raquel, Paula, Eli, Rossana, Laura, Nayeli, Natalia, Xavi, Bea, Sandra R, Melina, Yolanda, Daniela, Ana Paula, Sònia…

También es de las personas técnicas del Ayuntamiento que creyeron en este Proyecto y que lo han sostenido año tras año, gobierno tras gobierno: Judit Salas y Juanjo Arranz.

Igualmente, queremos agradecer a Pedro Strukelj, el ilustrador que ha puesto imágenes allá donde nuestras palabras no han llegado. Él se ha encargado de resumir una historia de dolor y muerte, aunque también de alegría, amor y esperanza, en una portada preciosa que te habla desde el alma, que resume ese caos barroco que es México y que tan bien se entiende con la catalanidad. Esa portada es un 'árbol de la vida' que os recomendamos revisitar ahora que habéis llegado hasta aquí. Llegados a este punto, nos conocéis mejor y seréis capaces de entender mejor las referencias que esconde. Además, Pedro también nos ha ayudado a guiaros y a amenizaros la lectura con esas ilustraciones tan características suyas que, mediante un trazo continuo, son capaces de captar la complejidad de un momento.

Muchísimas gracias también a Cristina Rivera Garza, por honrarnos con sus letras, que ponen el broche al libro con un prólogo tan certero y luminoso que resume el espíritu del proyecto. Y, por supuesto, gracias a la buena gente de Pol·len por su ojo fino y cuidada edición.

Antes de acabar, nos permitiréis que hagamos como en el primer capítulo y volvamos a desdoblar nuestras voces, que durante el grueso del libro decidimos convertir en un yo único. Ahora habla Sandra, para agradecer a Majo Siscar la complicidad y confianza que siempre me regala cuando trabajamos juntas. Su mirada y sus conocimientos son esenciales en este manuscrito y, aunque nunca es fácil trabajar a cuatro manos —digan lo que digan—, hacerlo con ella siempre es una suerte. Gràcies, Majo, pels riures i les celebracions i per aquesta dècada que acabem d'explicar plegades.

Vaya encerrona, Sandra, y con lo mala que soy yo (Majo) para los halagos, ¿qué digo yo ahora? Que millones de gracias por tirar del carro y hacerlo con paciencia, frescura e ilusión para hacer más liviano este proceso de remover emociones que es la escritura.

Y dejamos para el final a quienes, en realidad, son más importantes. Sin quienes no tendríais este libro entre las manos. Quizás nosotras no nos conoceríamos y nuestras vidas habrían sido muy distintas. Sin ellas y ellos, probablemente, México sería distinto. Nuestro último y más sincero agradecimiento es para los y las periodistas mexicanas. Primero, para quienes siguen ejerciendo a pesar de la violencia y las amenazas. A pesar de ser un riesgo para la propia seguridad y la de quienes quieren. También para quienes ya no ejercen porque les han arrancado la vida simplemente por escribir. Gracias a Rubén, a Samir, a Javier y a Miroslava, solo cuatro nombres de una larga lista que se cuenta por centenares. Gracias. Y, por supuesto, y más en concreto, a las más de 30 personas que han venido a Barcelona y nos han enriquecido con sus historias, experiencias y saberes.

Gracias a Alberto, Martín Duran, Carlos Manuel Juárez, Luis Daniel Nava, Jacob Morales, Míriam Ramírez, Mayra Cisneros, Yanely Fuentes, Patricia Mayorga, Néstor Troncoso, Ali Pacheco, Natividad Ambrocio, Gabriela Rasgado, Marlene Martínez, Daliri Oropeza, Paulina Ríos, Mariana Morales, Reyna Hernández, Teresa Montaño, Rodolfo Montes, Enrique Téllez, Jaime Armendáriz, Alejandro Guerrero, Guadalupe Záyago, Celia Espinosa, Alma Ríos, Verónica Martínez, Aldo Ortiz, Andrés Domínguez, Mónica Cerbón, Elizabeth Díaz y Martha Guillén.

Gracias.

Barcelona, 4 de mayo de 2025

El Suspicaz (Cuadrante)

Radio Tekuan

Once días    Canal 44

Página 3   El Sur

Escenario    Riodoce

Tlaxcala

El Norte   El diario
             alternativo

Elefante
blanco    El Sur
          de Guerrero

El Foro   Proceso

Raíchali  La Marea

9.

18.

31.

13.

28.

1.

12.

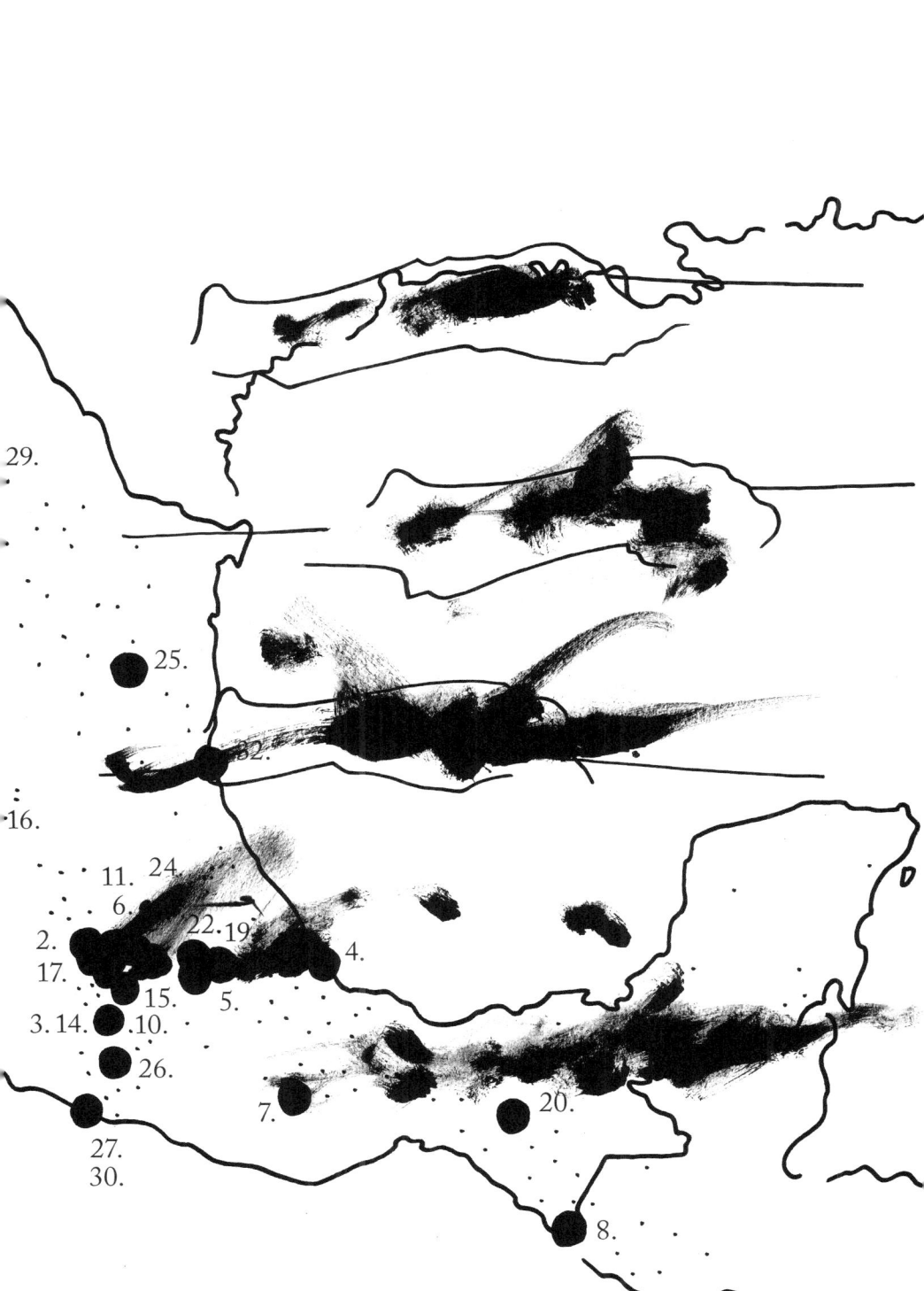

Periodistas que han pasado por el Programa en estos años, siguiendo los números del mapa.

1. Martín Duran - Culiacán, Sinaloa
2. Ali Pacheco - Toluca, Edo México
3. Natividad Ambrocio - Iguala, Guerrero
4. Gabriela Rasgado - Veracruz, Veracruz
5. Marlene Martínez - Puebla, Puebla
6. Daliri Oropeza - CDMX
7. Paulina Ríos - Oaxaca, Oaxaca
8. Mariana Morales - Tapachula, Chiapas
9. Reyna Hernández - Hermosillo, Sonora
10. Teresa Montaño - Almoloya, Edo México
11. Rodolfo Montes - CDMX

12. Enrique Téllez - Pto Vallarta, Jalisco
13. Jaime Armendáriz - Chihuahua, Chihuahua
14. Alejandro Guerrero - Iguala, Guerrero
15. Guadalupe Záyago - Alpuyeca, Morelos
16. Celia Espinosa - Lagos de Moreno, Jalisco
17. Alma Ríos - Toluca, Edo México
18. Verónica Martínez - Ciudad Juárez, Chihuahua
19. Aldo Ortiz - Tlaxcala, Tlaxcala
20. Andrés Domínguez -Tuxtla, Chiapas
21. Mónica Cerbón - Aguascalientes, Aguascalientes
22. Elizabeth Díaz - Nezahualcoyotl, Edo México
23. Martha Guillén - Guadalajara, Jalisco
24. Alberto Escorcia - Necaxa, Edo México (Programa piloto)
25. Carlos Manuel Juárez - Cd Victoria, Tamaulipas
26. Luis Daniel Navas - Chilpancingo, Guerrero

27. Jacob Morales - Acapulco, Guerrero
28. Míriam Ramírez - Culiacán, Sinaloa
29. Mayra Cisneros - Frontera, Coahuila
30. Yanely Fuentes - Acapulco, Guerrero
31. Patricia Mayorga - Chihuahua, Chihuahua
32. Néstor Troncoso - Tampico, Tamaulipas